中医药文化与劳动技能学习手册

第二册（上）

主编 许艺元

中医古籍出版社
Publishing House of Ancient Chinese Medical Books

图书在版编目(CIP)数据

中医药文化与劳动技能学习手册. 第二册 上、下 / 许艺元主编. -- 北京 : 中医古籍出版社, 2024.8
ISBN 978-7-5152-2774-0

Ⅰ. ①中… Ⅱ. ①许… Ⅲ. ①中国医药学—文化—小学—教学参考资料 Ⅳ. ①G624.93

中国国家版本馆CIP数据核字(2023)第210426号

中医药文化与劳动技能学习手册 第二册(上、下)
许艺元　主编

策划编辑　杨淑媛
责任编辑　李美玲
设　　计　孙　力
插　　画　陈丹妮
出版发行　中医古籍出版社
社　　址　北京市东城区东直门内南小街16号(100700)
电　　话　010-64089446(总编室)　010-64002949(发行部)
网　　址　www.zhongyiguji.com.cn
印　　刷　北京恒艺博缘印务有限公司
开　　本　787mm×1092mm　1/16
印　　张　18
字　　数　248千字
版　　次　2024年8月第1版　2024年8月第1次印刷
书　　号　ISBN 978-7-5152-2774-0
定　　价　138.00元(上、下)

序　一

中医药学是中国传统文化中一颗璀璨的明珠，具有独特的理论体系。中医药具有神奇的疗效，数千年来它为中华民族的繁衍昌盛做出了不可磨灭的贡献。时至今日，中医药在保障我国人民身体健康及防治疾病方面仍然发挥着无可替代的作用。

当前我国大力推进“健康中国”战略，“中医药文化进校园”就是其中一项重要的举措。让学生们从小接触、了解中医药知识，引导、培养他们热爱中医药文化，对提高学生乃至整个民族的身心健康、文化修养，提高民族自信心、自豪感，具有重大的意义。本手册的编辑出版是“中医药文化进校园”向前迈进的可喜一步。

这套手册充分考虑了小学生的认知特点，采用直白通俗的语言、平易近人的语气，将中国医药史、中医药基础理论、常见中草药、常用养生方法等内容做了深入浅出的阐述，依次编排成“学习目标”“知识点摘要”“动手动脑”“我是小神农”“厨房里的小妙招”“食疗养生学一学”“家校共育”等部分，将枯燥的内容编写得鲜活生动、妙趣横生。本手册贴近生活，主题鲜明，不仅内容丰富，构思巧妙，而且编排缜密，图文并茂，引人入胜，既有利于学生阅读，又便于家长参与互动。

这套手册不仅惠及小学生，更惠及家庭，惠及社会。

北京中医药大学教授　王育杰

序　二

中医药文化是我国优秀传统文化的重要组成部分。继承和弘扬中医药文化，对于推动“健康中国”建设、文化强国战略都发挥着不可替代的作用。

中医药是中华民族的瑰宝，一株小草改变世界，一枚银针联通中西，一缕药香穿越古今。

本书将中医药文化课程与劳动课相结合，旨在将劳动课“上”出特色，让学生们近距离感受中医药文化，了解中医中药，加深对中草药的认知，感受中医药文化的博大精深，增强对传统文化的认同感和归属感，激发对中华传统文化的热爱。同时，让劳动教育落地生根，引导学生养成良好的劳动习惯，感受劳动之美，把劳动教育融入中医药文化系列课程中，使学生养成健康的生活习惯，引导学生不仅会“认”，而且会“用”，运用穴位、常用中药材使用方法等中医药知识来调理身体健康，真正做到让知识服务于生活。

许艺元

编写说明

中医药学是中华民族的瑰宝，凝聚着中华民族的博大智慧，为中华民族的健康和繁衍昌盛做出了不可磨灭的贡献，是我国文化软实力的重要组成部分。少年强则国强。培养中小学生的文化自信和综合能力，中医药是不可或缺的内容。

本手册针对小学生特点，力图将中医药知识的普及与基础教育课程有机衔接，重视小学生的实践应用与技能的培养，让中医药知识真正指导健康生活，促使学生通过学习，不但有了“信中医、爱中医”的兴趣火种，也有了“用中医、爱生活”的健康生活习惯和良好的学习与实践思维方式。

本学期课程分为3个单元，共15节课，内容包含中医名家故事、做个小药童、神奇的经络与穴位。每讲课程主要分为“基础知识”“动手动脑”“我是小神农”三个部分。课程精选趣味性、实践性、启发性强的中医药故事和知识点，使教学内容更加贴合小学生的认知水平。“基础知识”部分对应手册中的课程目标与知识点摘要；“动手动脑”部分，让同学们在手册上共同完成答题思考，及时巩固课程内容；课程中特有的“我是小神农”环节，教同学们了解和辨识一味中药材，从炮制为饮片的形态特征，引申至其植物状态、适宜的生长环境再到药材的制作过程特点，让同学们不但能了解对应的药材有什么作用，而且能了解它的“前世今生”。学习完成后在手册中进行对应练习。

学习手册中还特别设有“生活应用”与“家校共育”部分，引导同学们在生活中观察与实践，记录下学习收获，也可收集家长对于孩子学习表现的反馈。

希望通过学习和实践，把这些凝聚着东方文明的精华和中华优秀文化的精髓传递给学生们，使他们了解中医药知识，并从小树立起正确的文化价值观，养成健康的生活习惯。

手册与课程虽几经修改打磨，尽量广泛征求各方意见，但不足之处仍难以避免，恳请各位老师、同学批评指正，以便未来修订提高。

许艺元

目　录

中医名家故事

做个小药童

神奇的经络与穴位

让我们一起走进
神秘的中医药文化世界

钱乙与皇甫谧

课程目标

了解我国古代中医名家的历史，以及他们擅长的领域和代表作品。

知识点摘要

钱乙，字仲阳，郓州（今山东东平）人，是我国宋代著名的儿科医家，曾治愈皇亲国戚的小儿疾病，声誉卓著，被授予翰林医学士，曾任太医院丞。在多年的行医过程中，钱乙积累了丰富的临床经验。其一生著作颇多，现仅存《小儿药证直诀》，其他书均已遗佚。

皇甫谧，字士安，安定朝那（今宁夏固原东南，一说甘肃灵台境内）人，三国西晋时期学者、作家、医学家、史学家。其著作《针灸甲乙经》是中国第一部针灸学的专著。在针灸学史上，他占有很高的学术地位，被誉为“针灸鼻祖”。

动手动脑

在正确答案前的圆圈中打钩

1.六味地黄丸出自钱乙的哪部著作?

○《小儿药证直诀》　○《针灸甲乙经》

○《伤寒杂病论》　○《本草纲目》

在正确答案前的圆圈中打钩 ✓

2. 皇甫谧被后世称为什么？

○ 外科鼻祖　○ 针灸鼻祖　○ 儿科圣手

3. 以下著作哪部是皇甫谧所著？

○《小儿药证直诀》　○《针灸甲乙经》

○《伤寒杂病论》　○《本草纲目》

我是小神农

仔细观察，勾选出老师在本课中讲的药材。

○ 肉苁蓉

○ 天 麻

做一做　生活应用

厨房里的小妙招

肉苁蓉粥

肉苁蓉性温，味甘、咸，归肾、大肠经，具有补肾、益精、润燥、滑肠等功效。与羊肉、粳米一起煮粥，具有补肾助阳、健脾养胃、润肠通便的功效。适宜腰膝冷痛、脾胃虚寒、恶寒怕冷的人群服用。

制作方法

原料：

肉苁蓉15克，精羊肉100克，粳米50克。

做法：

1.肉苁蓉加水100克，煮熟去渣。

2.精羊肉切片入砂锅内加水200克，煎数沸，待肉熟后，再加水300克。

3.将粳米煮至米开汤稠时加入肉苁蓉汁及羊肉，再同煮两三分钟停火，盖紧盖子焖5分钟即可。

图中使用的是炮制后的肉苁蓉。

制作时，一定要注意安全啊！

家校共育

学习收获

成果展示

留个纪念吧

家长评语（孩子的表现可以打几星呢?）

☆☆☆☆☆

答案解析 √

1.六味地黄丸出自钱乙的哪部著作？ 《小儿药证直诀》√

“六味地黄益肾肝，茱薯丹泽地苓专，更加知柏成八味，阴虚火旺自可煎。”六味地黄丸出自宋代钱乙的儿科专著《小儿药证直诀》，原治小儿发育不良，表现为立迟、行迟、发迟、齿迟、语迟的“五迟”症。迄今为止，其适应范围已不再局限于小儿“五迟”，而可广泛应用于多种病症。它因在补肾阴方面的疗效显著而成为滋补强身的著名方剂。

2. 皇甫谧被后世称为什么？ 针灸鼻祖√

皇甫谧（215—282），幼名静，字士安，自号玄晏先生，安定郡朝那县（今宁夏固原东南，一说甘肃灵台境内）人，后徙居新安（今河南省新安县），三国西晋时期的作家、医学家、史学家，是东汉名将皇甫嵩曾孙。他一生以著述为业，后患风痹，犹手不释卷。其著作《针灸甲乙经》是中国第一部针灸学专著。他在医学领域和文学领域都负有盛名，在针灸学史上占有很高的学术地位，并被誉为“针灸鼻祖”。

3. 以下著作哪部是皇甫谧所著？ 《针灸甲乙经》√

皇甫谧博学多才，对于经史及文学等，均有很深的研究，造诣很高。他尤其擅长撰文，写出了许多脍炙人口的诗赋，先后撰有《帝王世纪》《高士传》《逸士传》《列女传》《玄晏春秋》《阴阳历术》等书，皆负盛名。

在医学方面，他撰有《针灸甲乙经》十二卷，为中国第一部针灸学专著且流传至今，在针灸学发展历史上产生了深远的影响。《针灸甲乙经》内容包括脏腑、经络、腧穴、病机、诊断、治疗等方面，卷一论述人体生理功能，以及脏腑与肢体、五官的关系；卷二论述十二经脉、奇经八脉、标本根结等；卷三记载349穴的定位、主治、刺灸法等；卷四论诊法；卷五介绍针道，包括刺法、针刺禁忌等；卷六论生理与病理；卷七至卷十二为治疗内、外、妇、幼、儿等各科病症的针灸临床治疗方法。这是我国现存最早的一部理论联系实际、有重大价值的针灸学专著，为学医者必读的古典医书之一。

肉苁蓉

肉苁蓉，别名寸芸、苁蓉、查干告亚（蒙语），属濒危物种。肉苁蓉是一种寄生在沙漠树木梭梭根部的寄生植物，从宿主中吸取养分及水分，素有“沙漠人参”之美誉，具有极高的药用价值。肉苁蓉成品为其植物的肉质茎，呈长圆柱形或下部稍扁，略弯曲，下部较粗，向上渐细；表面呈灰棕色或棕褐色，密被覆瓦状排列的肉质鳞片，鳞片呈菱形或三角形，并可见鳞片脱落后留下的叶迹，呈弯月形；质坚硬，不易折断，断面呈棕色，有淡棕色点状维管束，波纹状或锯齿状环列，表面和断面在亮光处可见结晶样小亮点。肉苁蓉以肉质肥大、黑棕色、油性大、质柔润者为佳。

肉苁蓉性温，味甘、咸，归肾、大肠经，具有补肾、益精、润燥、滑肠等功效。常用于带下、血崩、腰膝冷痛、血枯便秘等病症。日常食用有增加体力耐力、抗疲劳、增强免疫力的效果。

叶天士与李东垣

课程目标

了解我国古代中医名家的历史，以及他们擅长的领域和代表作品。

知识点摘要

叶天士，字香岩，江苏吴县（今苏州）人，清代著名医学家，“温病四大家”之一。叶天士最擅长治疗时疫和痧痘等症，是中国最早发现猩红热的人，在温病学上的成就尤其突出，是温病学的奠基人之一。他首创温病“卫、气、营、血”辨证大纲，为温病的辨证论治开辟了新途径，被尊为温病学派的代表。

李东垣，字明之，晚年自号东垣老人，真定（今河北正定）人，是中国医学史上“金元四大家”之一，是中医“脾胃学说”的创始人，强调脾胃在人体的重要作用。在五行当中脾胃属土，因此他的学说也被称作“补土派”。

动手动脑

在正确答案前的圆圈中打钩 ✓

1.叶天士传世最著名的医学著作是什么？

○《伤寒论》　○《脾胃论》　○《温热论》

在正确答案前的圆圈中打钩

2.(多选题)调养脾胃的方法有哪些?

○ 饮食有节　○ 精神调摄　○ 治疗疾病时调养脾胃

我是小神农

仔细观察，勾选出老师在本课中讲的药材。

○ 丁 香

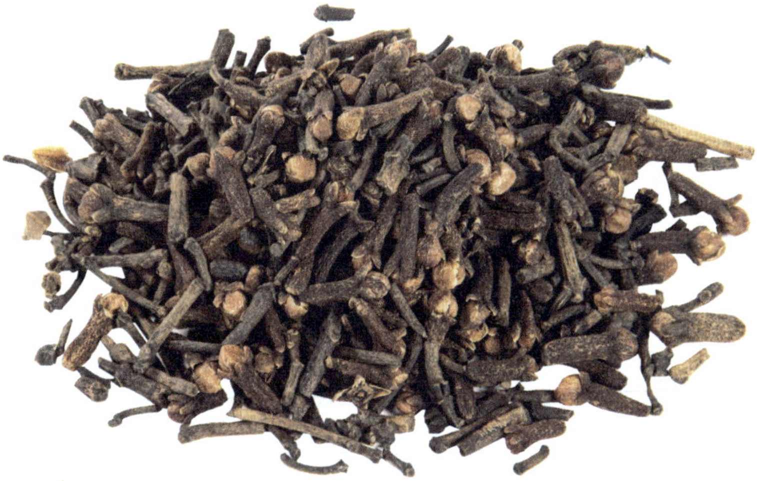

○ 决明子

尝一尝 生活应用

食疗养生学一学

丁香甜菜饮

丁香是一种常见的香料和药材，有着辛辣的味道和独特的香气，在日常食用时往往搭配其他食材和调料，以免味道过于浓烈影响口感。使用丁香和清甜的甜菜搭配，既兼顾了口味，又能很好地发挥丁香温养脾胃的功效，尤其适合脾胃虚寒，经常腹泻和胃溃疡的人食用。

制作方法

原料：

丁香5~10克，甜菜25克。

做法：

1.甜菜洗净，切成小块，放入锅中，加清水200毫升。

2.加入丁香，一起煮沸5分钟，去渣取汁，分次饮用。

制作时，一定要注意安全啊！

学习收获

成果展示

留个纪念吧

家长评语（孩子的表现可以打几星呢?）

☆☆☆☆☆

答案解析 ✓

1.叶天士传世最著名的医学著作是什么?《温热论》✓

叶天士是中国最早发现猩红热的人，在温病学上的成就尤其突出，是温病学的奠基人之一。叶天士总结前人的经验，突破旧条框，开创了治疗温病的新途径。叶天士所著的《温热论》，为我国温病学说的发展提供了理论和辨证的基础。他提出“温邪上受，首先犯肺，逆传心包”的论点，概括了温病发展和传变的途径，成为认识温病的总纲；还根据温病的发展过程，将其分为卫、气、营、血四个阶段，作为辨证施治的纲领；在诊断上则发展了察舌、验齿、辨斑疹、辨白痦等方法。清代名医章虚谷高度评价《温热论》，说它不仅是后学指南，而且弥补了仲景书之残缺。

2.调养脾胃的方法有哪些? 饮食有节✓ 精神调摄✓ 治疗疾病时调养脾胃✓

脾胃为后天之本，气血生化之源，对人体健康有着极为重要的作用。调养脾胃的方法有：

(1)饮食有节。饮食有节指饮食要定时定量、合理搭配、科学进餐，不可过饱或过饥。若暴饮暴食，势必会加重肠胃负担，饮食不均衡或不规律也会让脾胃的功能受到损害。

(2)精神调摄。中医强调“形神合一”，重视精神情志因素在疾病发生、发展、预后等方面所起的作用。精神情志活动与人体的生理、病理变化有密切的关系。突然、强烈的精神刺激，或反复、持续的精神刺激，可使人体气机逆乱，容易造成脏腑的气血失调而发病。

(3)治疗疾病时固护脾胃。在治疗疾病服用药物的过程中，要注意保护脾胃功能，避免在治疗其他疾病时的用药使脾胃受到损伤。

丁香

丁香为桃金娘科植物丁香的干燥花蕾，当花蕾由绿色转红时采摘，晒干。丁香成品形状略呈研棒状，长1～2厘米。丁香花冠为圆球形，花瓣4片，复瓦状抱合，呈棕褐色至褐黄色，花瓣内为雄蕊和花柱，搓碎后可见众多黄色细粒状的花药。萼筒呈圆柱状，略扁，有的稍弯曲，红棕色或棕褐色，上部有4枚三角状的萼片，十字状分开。质坚实，富油性。

丁香性温，味辛，归脾、胃、肺、肾经，有温中降逆、补肾助阳的功效，常用于治疗脾胃虚寒、呃逆呕吐、食少吐泻、心腹冷痛、肾虚等病症。

认识中药

课程目标

学习中药的特性和中药的分类。

知识点摘要

中药治疗疾病的本质就是用中药之偏来平衡身体之偏。身体平衡了，百病皆消。徐灵胎在《神农本草经百种录》中说："凡药之用，或取其气，或取其味……各以其所偏胜而即资之疗疾，故能补偏救弊，调和脏腑。深求其理，可自得之。"综上所述，"以偏纠偏"是药物作用的基本原理。

中药的分类：一般分为植物药、动物药和矿物药。其中植物药材占多数，是采用植物的根、茎、叶或果实等作为入药的材料。

动手动脑

连线

1.不同食物有不同的偏性，有的寒凉，有的温热。把下列食物与它们的偏性用线连起来。

螃蟹 ○

羊肉 ○

生姜 ○

寒凉　　　温热

○ 冬瓜

○ 韭菜

○ 白萝卜

在正确答案前的圆圈中打钩 ✓

2.菊花性寒，最具代表性的作用是什么？

○ 养心安神　　○ 清肝明目　　○ 利尿祛湿

涂一涂

3.中药材分为植物类、动物类和矿物类。在下面的饼状图上，根据三种中药材的占比不同，给植物类涂上绿色，动物类涂上红色，矿物类涂上黄色。

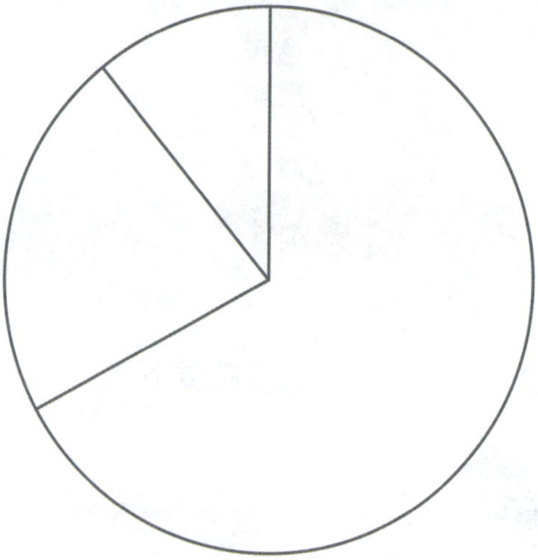

植物类，例如：板蓝根

动物类，例如：蝉蜕

矿物类，例如：朱砂

我是小神农

仔细观察，勾选出老师在本课中讲的药材。

○ 山药

○ 人参

厨房里的小妙招

人参粳米粥

人参是很好的补气药，但是有实热的人不宜食用，较合适的日常食用方法是用人参、粳米适量煮粥食用，可用于改善气血不足引起的心悸气短、面色无华。

制作方法

原料：

粳米100克，冰糖10克，人参3克。

做法：

1.将人参研为细末。
2.把人参粉末与冰糖一同兑入粳米粥内，稍煮即成。

制作时，一定要注意安全啊！

学习收获

成果展示

留个纪念吧

家长评语（孩子的表现可以打几星呢?）

☆☆☆☆☆

答案解析 √

1.中医学关于寒凉食物和温热食物的知识。

饮食养生首先要讲“性”，“性”是指食物有寒、凉、温、热不同的属性，中医称为“四性”或“四气”。

常见的凉性或寒性食物：百合、藕、竹笋、冬瓜、白萝卜、空心菜、蒲公英、螃蟹、泥螺、蛏子、海蜇、海带、梨、西瓜等。

常见的温热食物：羊肉、牛肉、桂圆、韭菜、荔枝、生姜、红糖等。

2.菊花性寒，最具代表性的作用是什么？清肝明目 √

菊花性微寒，具有散风清热、降火润肺、清肝明目的作用，对于因天气原因导致的口干、目涩有效。白菊味偏甘，疏散风热能力强，尤其擅长治疗风热感冒中发热、咽痛、鼻塞、咯黄痰等症状；黄菊味稍苦，清热能力偏强，如果上火、口腔溃疡，用它泡水喝，有很好的清热解毒、清肝明目的功效。

3.中药材分为植物类、动物类和矿物类。在下面的饼状图上，根据三种中药材的占比不同，给植物类涂上绿色，动物类涂上红色，矿物类涂上黄色。

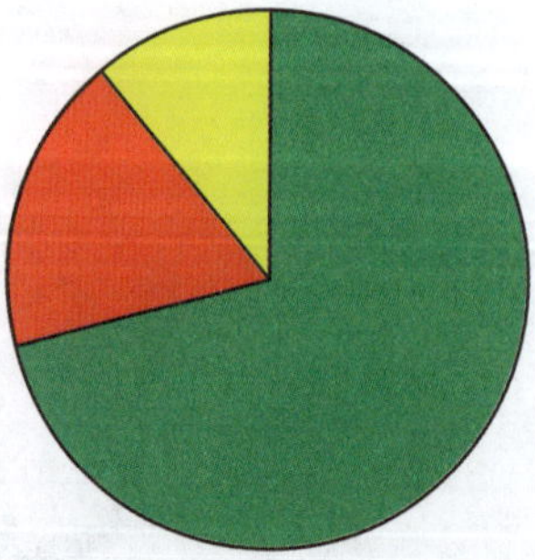

中药材分三大种类，分别为植物类、矿物类和动物类。

植物类药材在中药中占比最多，超过70%，有根茎类的人参、防风、羌活等，果实类的牛蒡子、五味子、蔓荆子等，种子类的龙眼肉、白果、决明子等，花类的丁香、菊花、金银花等，叶类的紫苏叶、桑叶、番泻叶等，木类的苏木、沉香、降香等，皮类的桂枝、杜仲、厚朴等，茎藤类的石斛、丁公藤、桑寄生等，全草类的荆芥、薄荷、鱼腥草等。

动物类药材次之，有蝉蜕、水牛角、蕲蛇、蛤蚧、牡蛎等。

矿物药最少，常见的有金礞石、朱砂、磁石、赭石、雄黄等。

人参

人参为五加科植物人参的干燥根和根茎，多于秋季采挖，洗净，晒干或烘干。其主根呈纺锤形或圆柱形，表面为灰黄色，上部或全体有疏浅断续的粗横纹及明显的纵皱，下部有支根2～3条，并着生多数细长的须根，须根上常有不明显的细小疣状突起。根茎（芦头）长1～4厘米，多拘挛而弯曲。人参成品质较硬，断面呈淡黄白色，显粉性，形成层环纹为棕黄色，皮部有黄棕色的点状树脂道及放射状裂隙。

人参性微温，味甘、微苦，归脾、肺、心、肾经，具有大补元气、复脉固脱、补脾益肺、生津养血、安神益智的功效，常用于体虚欲脱、肢冷脉微、脾虚食少、肺虚喘咳、津伤口渴、内热消渴、惊悸失眠、心力衰竭、心源性休克等病症。

中药的特性

课程目标

学习中药的四气五味与升降沉浮。

知识点摘要

四气五味是中医对药性理论的总结和归纳。所谓四气,就是指寒、热、温、凉;所谓五味,就是指酸、苦、甘、辛、咸。

药物升降浮沉的性能与药物本身的性味有密不可分的关系,能升浮的药物大多具有辛、甘味和温、热性,能沉降的药物大多具有酸、苦、咸、涩味和寒、凉性。

动手动脑

在正确答案前的圆圈中打钩 ✓

1.具有甘(甜)味特性的中药多具有什么功效?

○ 消肿散结　○ 发散解表　○ 固涩收敛　○ 调和诸药

2.下面哪种药材归属胃经,有清胃热的作用?

○ 莲子心

○ 淡竹叶

○ 菊 花

在正确答案前的圆圈中打钩

3.下面哪种药材归属心经，有清除心火的作用？

○ 莲子心

○ 山 楂

○ 枸杞子

○ 淡竹叶

我是小神农

仔细观察，勾选出老师在本课中讲的药材。

○ 木瓜

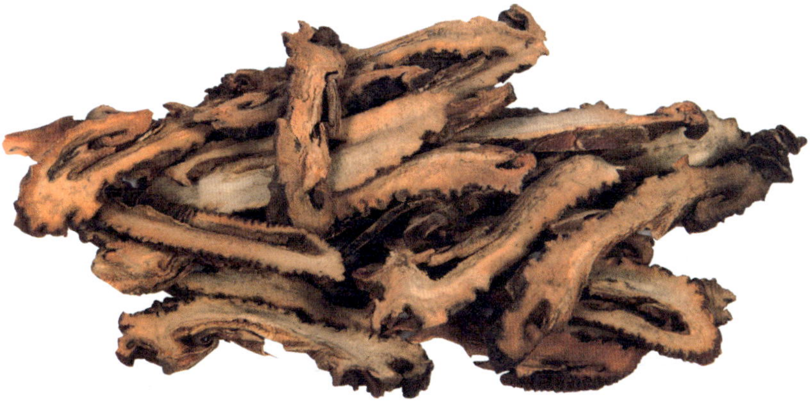

○ 龙眼肉

做一做　生活应用

厨房里的小妙招

（宣）木瓜粥

药用木瓜又称为“宣木瓜”，具有舒筋活络、和胃化湿的功效。宣木瓜是对风湿病患者非常好的食物，然而宣木瓜的味道是酸涩的，如何食用宣木瓜，我们来学学吧。

制作方法

原料：

宣木瓜30克，大米100克，白糖适量。

做法：

1.将宣木瓜择净，放入锅中，加清水适量，浸泡5~10分钟后，倒出清洗水，加入适量饮用水，煮沸后，仅取汁。

2.往汁水中加入大米煮粥，待粥熟时放入白糖，煮沸后，再煮片刻停火，盖紧盖子焖5分钟即可。

制作时，一定要注意安全啊！

家校共育

学习收获

____

____

成果展示

留个纪念吧

家长评语（孩子的表现可以打几星呢？）

☆☆☆☆☆

答案解析 ✓

1.具有甘(甜)味特性的中药多具有什么功效？　调和诸药 ✓

《药性歌括四百味》中说："甘温，调和诸药，炙则温中，生则泻火。"甘温指的是性味，调和诸药是指某药物有缓和配方药性的作用，所以，有甘味特性的中药多有调和诸药的功效。

2.下列哪种药材归属胃经，有清胃热的作用？ 淡竹叶 ✓

淡竹叶味甘、淡，性寒，入心、胃、小肠经。淡竹叶的作用主要有如下两个：

(1)淡竹叶可以清心利尿，用于心火炽盛引起的口舌生疮、尿少、热淋、尿痛，比如急性泌尿系的感染，常用的中药方为导赤散。

(2)淡竹叶可以清热除烦，用于热病后余热未尽的燥热、心烦。淡竹叶常配合生石膏、麦冬以清热除烦、生津利尿，治疗热病烦渴、小儿惊厥、口渴、口舌生疮、牙龈肿痛等。

3. 下面哪种药材归属心经，有清除心火的作用？ 莲子心 ✓

莲子心为成熟莲子种仁内的绿色胚芽，民间常用以泡茶饮，因其归心、肾经，应用它寒凉的特性能起到清心火的作用。

木 瓜

木瓜，又称宣木瓜、皱纹木瓜、红木瓜，为蔷薇科植物贴梗海棠的干燥近成熟果实。夏、秋二季果实绿黄时采收，置沸水中烫至外皮灰白色，对半纵剖，晒干。木瓜成品形状为长圆形，质坚硬，多纵剖成两半，长4～9厘米，宽2～5厘米，厚1～2.5厘米。外表面为紫红色或红棕色，有不规则的深皱纹；剖面边缘向内卷曲，果肉为红棕色，中心部分凹陷，呈棕黄色；种子为扁长三角形，多脱落。

木瓜性温，味酸，归肝、脾经，具有舒筋活络、和胃化湿的功效，用于湿痹拘挛、腰膝关节酸重疼痛、暑湿吐泻、转筋挛痛、脚气水肿等病症。

中药的炮制与禁忌

课程目标

学习中药的炮制方法以及用药的禁忌。

知识点摘要

中药炮制是中医长期临床用药经验的总结。炮制工艺的确定应以临床需求为依据，炮制工艺是否合理、方法是否恰当，直接影响到中药的临床疗效。中药的净制、切制、加热炮制与加辅料炮制都可能影响药性。

药物具有治疗作用和毒副作用两重性，利用前者、避免后者是选药组方的基本原则。后者就涉及用药禁忌的问题，包括配伍禁忌、妊娠禁忌等内容。

动手动脑

在正确答案前的圆圈中打钩 ✓

1.中药炮制的作用主要有四个方面，一是可以减少毒性，二是可以改变药性，三是便于保存，那么第四个作用是什么呢？

○ 减少药效　○ 更干净　○ 更美观

2.(多选题) 以下属于中药炮制方法的有哪些？

○ 油炸　○ 蜜炙　○ 蒸　○ 炒

在正确答案前的圆圈中打钩 ✓

3.中药的禁忌主要有三个方面，第一个是配伍禁忌，第二个是妊娠禁忌，你知道第三个是什么吗？

○ 运动禁忌　○ 服药禁忌　○ 冷热禁忌

我是小神农

仔细观察，勾选出老师在本课中讲的药材。

○ 金银花

○ 鱼腥草

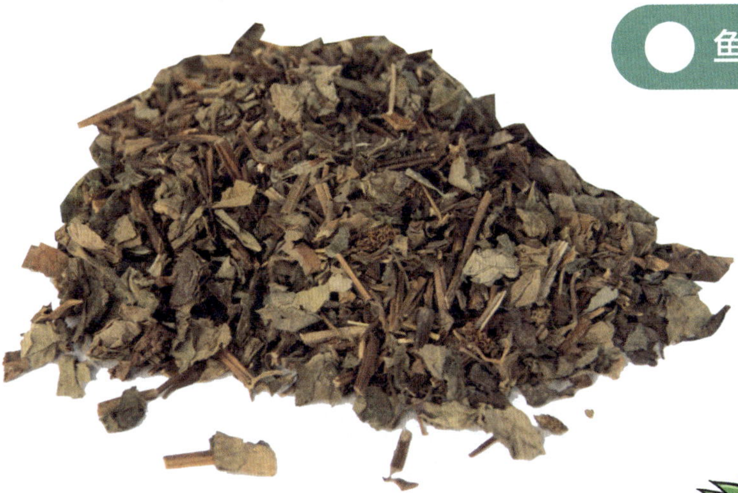

生活应用

做一做 # 厨房里的小妙招

凉拌鱼腥草

鱼腥草又叫蕺(jí)菜、折耳根，在我国长江流域以南均有分布，通常生长于湿润的路边、沟旁或者田埂边。四川、贵州、云南及湖南等地也把它作为食物食用，有清热解毒、消肿排脓、利尿通淋的功效。让我们了解一下怎么食用鱼腥草吧。

制作方法

原料：

鱼腥草100克，盐少许，剁椒（小米椒剁碎），适量白糖、葱花，少许生抽，麻油2勺。

做法：

1.鱼腥草去掉节上面的须根，冲洗干净，切成小段，加适量盐，腌10分钟左右。

2.碗中加1勺剁椒，适量白糖、葱花，少许生抽，热麻油（用锅把麻油烧热）2勺，拌匀。

3.将上述料汁浇在鱼腥草上拌匀即可享用了。

制作时，一定要注意安全啊！

家校共育

学习收获

成果展示

留个纪念吧

家长评语（孩子的表现可以打几星呢？）

☆☆☆☆☆

答案解析 √

1.中药炮制的作用主要有四个方面，一是可以减少毒性，二是可以改变药性，三是便于保存，那么第四个作用是什么呢？　更干净√

中药炮制是根据中医药理论，依照辨证施治用药的需要和药物自身性质，以及调剂、制剂的不同要求所采取的加工处理过程。

炮制的作用主要有四个方面：一是可以减少毒性；二是可以改变药性；三是便于保存；四是清除杂质，使药材更干净。

2.以下属于中药炮制方法的有哪些？　蜜炙√　蒸√　炒√

中药的炮制方法主要有：

（1）水制法。用水或其他液体辅料处理药材的方法，其目的主要是清洁药物、湿润软化药物和减低药物毒性等，包括洗、泡、淋、润、漂、水飞等方法。

（2）火制法。将药材经火加热处理，或加入一定的辅料的方法，包括炒、炙、煅、煨等方式。

（3）其他方法。中药的炮制还有煮、蒸、制霜、发酵、发芽等制作方法。

通过炮制，一方面可以使药物更加纯净、佐制药物的药性、祛除异味、改变药效，另一方面也有助于防止虫蛀、便于收藏、减弱或消除药物的毒性或者烈性等，所以中药炮制的效果会直接影响到药物的疗效。

3.中药的禁忌主要有三个方面，第一个是配伍禁忌，第二个是妊娠禁忌，你知道第三个是什么吗？　服药禁忌√

中药的禁忌主要有三个方面：配伍禁忌、妊娠禁忌、服药禁忌。

配伍禁忌——药物之间的理化反应，会产生降低或破坏药物功效的作用，因此应该避免此类配合应用，配伍禁忌包括“十八反”和“十九畏”等。

妊娠禁忌——女性怀孕期使用药物的禁忌。有些药物易影响胎儿生长或有堕胎的危险，所以这些药物应该在妊娠期禁止使用。

服药禁忌——服药期间对一些食物的禁忌，也称“食忌”。服药期间，最好忌食生冷、油腻、腥膻、有刺激性的食物。

鱼腥草

鱼腥草，又名折耳根，是三白草科植物蕺菜的干燥地上部分。夏季茎叶茂盛花穗多时采割，除去杂质，晒干。成品茎呈扁圆柱形，扭曲，表面呈棕黄色，具纵棱数条，节明显，下部节上有残存须根，质脆，易折断。叶互生，叶片卷折皱缩，展平后呈心形，上表面为暗黄绿色至暗棕色，下表面为灰绿色或灰棕色，搓碎有鱼腥气。

鱼腥草性微寒，味辛，归肺经，有清热解毒、消痈排脓、利尿通淋的功效，常用于肺痈吐脓、痰热喘咳、热痢、热淋、痈肿疮毒等病症。

道地药材

课程目标

学习道地药材的概念，并了解两味珍贵的中药材。

知识点摘要

我国地大物博，自然地理环境复杂，水土、日照、气候、生物分布等生态环境各地不同，南北差异很大，因此为各种药用动植物的生长和矿物的形成提供了有利条件，也使各种中药材在品种、产量和质量上都呈现一定的地域性。由于各地所产药材质量优劣不一，便逐渐形成了“道地药材”的概念。

燕窝为雨燕科动物金丝燕的唾液与绒羽等混合凝结所筑成的巢窝，具有养阴润燥、益气补中、化痰止咳之功效。

冬虫夏草是麦角菌科真菌冬虫夏草菌寄生在蝙蝠蛾科昆虫幼虫上的子座及幼虫尸体的干燥复合体，是一种传统的名贵滋补中药材，有调节免疫功能、抗肿瘤、抗疲劳等功效。

动手动脑

燕窝

在正确答案前的圆圈中打钩 ✓

1.燕窝的药用价值很高，你知道它来自于哪种动物吗？

○ 金丝燕　○ 金丝猴　○ 家燕　○ 大雁

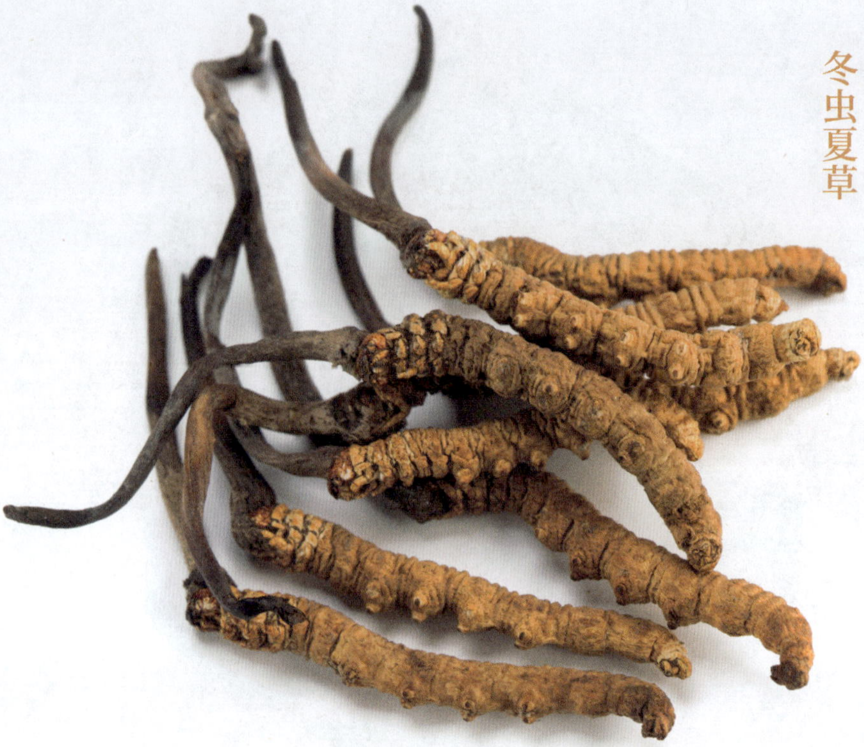

冬虫夏草

在正确答案前的圆圈中打钩 ✓

2.你知道冬虫夏草是一种什么物质吗？

○ 哺乳动物　　○ 昆虫

○ 虫体和真菌的复合体　　○ 病毒

我是小神农

仔细观察，勾选出老师在本课中讲的药材。

○ 龙眼肉

○ 罗汉果

尝一尝　生活应用

食疗养生学一学

罗汉果茶

罗汉果有清热生津、润肠通便的作用，如果因劳累导致声音嘶哑、咽喉肿痛，可以用罗汉果泡水喝。

制作方法

原料：

罗汉果1个。

做法：

1.先把罗汉果整个清洗一下，然后把罗汉果掰碎，取1/6个或适合自己的量，放入杯中。

2.倒入适量的开水，浸泡5分钟左右，就可以得到一杯好喝的罗汉果茶。

泡茶时，一定要注意安全啊！

家校共育

学习收获

成果展示

留个纪念吧

家长评语（孩子的表现可以打几星呢?）

☆☆☆☆☆

答案解析 √

1.燕窝的药用价值很高，你知道它来自于哪种动物吗？　金丝燕√

可食用的燕窝是由金丝燕分泌的唾液混合其他物质（如羽毛）所筑成的巢穴，而非雀形目燕科鸟类（如家燕）所筑的巢穴。燕窝中有称为“血燕”的，是因为金丝燕的食物中包含海藻等使其唾液含有杂质呈红丝而名，并非如人们误解，以为其未完成鸟巢，吐血而形成。燕窝被采摘之后，还要经过蒸制、浸泡、除杂、挑毛、烘干等复杂的工序才能制成成品燕窝，成品燕窝包括燕盏、燕条、燕饼、燕丝。其中燕盏是整只个大质优的燕窝经除去杂质保留原有形状而成，价格昂贵。

2. 你知道冬虫夏草是一种什么物质吗？　虫体和真菌的复合体√

冬虫夏草，俗称虫草、冬虫草，是一种寄生于鳞翅目幼虫体内的真菌，是已知最早被记载的虫草菌，主要分布于青海、西藏、四川等海拔4000米左右的高海拔地区，东北吉林地区也有养殖。冬虫夏草是中国传统的名贵滋补药材，它性平味甘，具有补肺肾、止咳嗽、益虚损、养精气之功能，是平补阴阳之品。

罗汉果

罗汉果是葫芦科植物罗汉果的干燥果实。秋季果实由嫩绿色变深绿色时采收，晾数天后，低温干燥。罗汉果成品呈卵形、椭圆形或球形，长4.5～8.5厘米，直径3.5～6厘米，表面呈褐色、黄褐色或绿褐色，有深色斑块和黄色柔毛，部分有6～11条纵纹，顶端有花柱残痕，基部有果梗痕。罗汉果体轻，质脆，果皮薄，易破，果瓤(中、内果皮)呈海绵状，浅棕色，种子为扁圆形，呈浅红色至棕红色，两面中间微凹陷，四周有放射状沟纹，边缘有槽。

罗汉果性凉，味甘，归肺、大肠经，有清热润肺、利咽开音、滑肠通便的功效，常用于肺热燥咳、咽痛失音、肠燥便秘等病症。

中药的清热与解表

课程目标

学习清热药与解表药的概念与特性。

知识点摘要

凡能疏肌解表、促使发汗，用以发散表邪、解除表证的药物，称为解表药或发表药。根据解表药的药性和主治差异，一般将其分为发散风寒药和发散风热药两类。发散风寒药多属辛温，适用于风寒表证，代表药物有麻黄、桂枝、荆芥、防风等；发散风热药多属辛凉，适用于风热表证，代表药物有柴胡、葛根、牛蒡子、薄荷、菊花等。

清热药是中药中的一个类别，药理学解释清热药是："凡药性寒凉，以清泄里热为主要作用的药物，称为清热药。"清热药大多药性寒凉，少数平而偏凉，味多苦，或甘，或辛，或咸，多归肺、胃、心、肝、大肠经，主要有清热、泻火、凉血、解热毒、退虚热的作用，兼有燥湿、利湿、滋阴、发表等功效。

动手动脑

在正确答案前的圆圈中打钩 ✓

1.(多选题)能疏肌解表、促使发汗的药物称为解表药。下列哪些药物属于解表药呢?

连线

2.解表药依据功效，分为发散风寒和发散风热两种。请将下列中药与其对应的功效连线。

发散风热　　发散风寒

菊花

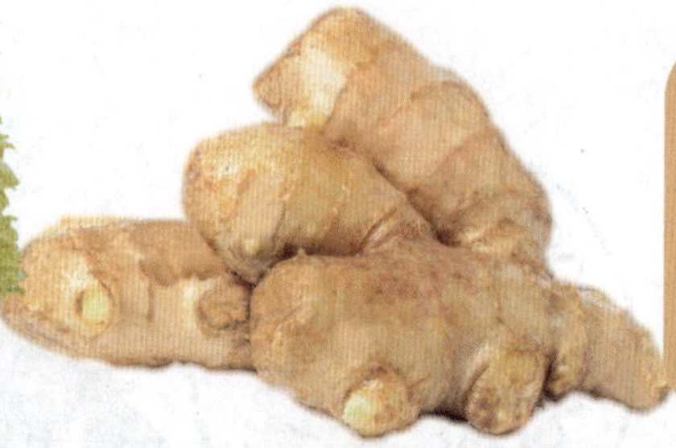

生姜

3.清热药分为清热泻火、清肝明目、清热解毒等几大类。请将下列中药与其对应的类别用线连起来。

清热泻火　　清肝明目　　清热解毒

决明子　　西瓜翠衣　　板蓝根

我是小神农

仔细观察，勾选出老师在本课中讲的药材。

○ 决明子

○ 花 椒

尝一尝 生活应用

食疗养生学一学

决明子茶

决明子是一味很常见的中药材，有着清肝、泻火、明目、通便的作用。通常宝宝小的时候，家里的长辈会用决明子给宝宝做一个枕头，可以起到清肝明目的功效。生活中也可以用热水冲泡决明子茶，用于清肝明目、利水通便。

制作方法

原料：

决明子10~15克。

做法：

1.先把决明子用清水冲洗一下，然后把决明子放到水杯中。

2.向杯子中倒入适量的开水，浸泡15分钟左右即可，一天之内可以反复冲泡，喝到无色无味为止。

3.决明子还可以和枸杞子、山楂等一起配合泡茶喝。

家校共育

学习收获

____

____

成果展示

留个纪念吧

家长评语（孩子的表现可以打几星呢?）

☆☆☆☆☆

答案解析 ✓

1.能疏肌解表、促使发汗的药物称为解表药。下列哪些药物属于解表药呢？　薄荷✓　葛根✓　菊花✓　柴胡✓

凡能疏风解表、促使发汗，用以发散表邪、解除表证的药物，统称为解表药或发表药。根据解表药的药性和主治差异，一般将其分为发散风寒药和发散风热药两类。发散风寒药多属辛温，故又称辛温解表药，适用于风寒表证，代表药物有麻黄、桂枝、荆芥、防风等；发散风热药多属辛凉，故又称辛凉解表药，适用于风热表证，代表药物有柴胡、葛根、牛蒡子、薄荷、菊花等。

2. 连线：发散风寒—— 生姜　　发散风热—— 菊花

辛温解表药，辛以散风，温可祛寒，故有发散风寒的作用，又称发散风寒药，常用药有麻黄、桂枝、细辛、紫苏叶、防风、羌活、生姜、葱白、香薷等。

辛凉解表药，辛以散风，凉可清热，故有发散风热的作用，又称发散风热药，常用药有薄荷、牛蒡子、蝉蜕、菊花、桑叶、蔓荆子、柴胡等。

3. 连线：清热泻火—— 西瓜翠衣　　清肝明目—— 决明子
清热解毒—— 板蓝根

清热药，包括清热泻火药、清肝明目药、清热解毒药、清虚热药。

清热泻火药主要有石膏、知母、天花粉、栀子、夏枯草、西瓜翠衣等。

清肝明目药主要有菊花、决明子、夏枯草等。

清热解毒药常见的有金银花、蒲公英、板蓝根、大青叶、连翘等。

清虚热药主要有青蒿、地骨皮、胡黄连、银柴胡、白薇等。

决明子

决明子是豆科植物钝叶决明或小决明的干燥成熟种子，以其有明目之功而命名。秋季采收成熟果实，晒干，打下种子，除去杂质。成品略呈菱形或短圆柱形，两端平行倾斜，长3～7毫米，宽2～4毫米，表面呈绿棕色或暗棕色，平滑有光泽，一端较平坦，另端斜尖，背腹面各有1条突起的棱线，棱线两侧各有1条斜向对称而色较浅的线形凹纹。决明子质坚硬，不易破碎。

决明子味甘、苦、咸，性微寒，归肝、大肠经，有清肝明目、润肠通便的功效，常用于目赤涩痛、羞明多泪、头痛眩晕、目暗不明、大便秘结等病症。

中药的泻下与补虚

课程目标

学习补虚药与泻下药的概念与特性。

知识点摘要

补虚药又称补益药，顾名思义就是用来补充人体不足之气、血、阴、阳，增强体质，改善脏腑功能的药物。根据人体不足之处，补益药又可以分为补气药、补血药、补阴药、补阳药，用于治疗由于人体气、血、阴、阳之亏损所致的虚弱证候。

泻下药就是能引起腹泻或滑润大肠使大便排出的药物。其主要作用是通利大便，以清除胃肠积滞燥屎及其他有害物质；或清热泻火，使热毒、火毒通过泻下得到缓解；或逐水退肿、化饮涤痰，使水湿痰饮从大小便排出。部分泻下药兼有清利湿热、消积导滞、破血逐瘀、解毒散结等作用。

动手动脑

在正确答案前的圆圈中打钩 ✓

1.如果发现大便干燥，出现便秘的现象，以下哪个行为会有帮助呢？

○ 喝蜂蜜水　　○ 吃辣椒　　○ 吃冰激凌

2.泻下药分为三类，分别是攻下、润下、峻下逐水。蜂蜜属于哪一类？

○ 攻下　　○ 润下　　○ 峻下逐水

连线

3.把下面补虚药的种类和药名用线连起来。

补气 ○　　补血 ○　　补阴 ○　　补阳 ○

○ 人参

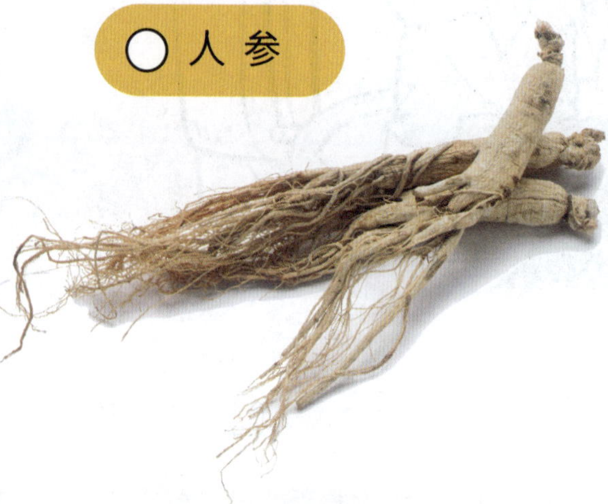

○ 百合

○ 阿胶

○ 鹿茸

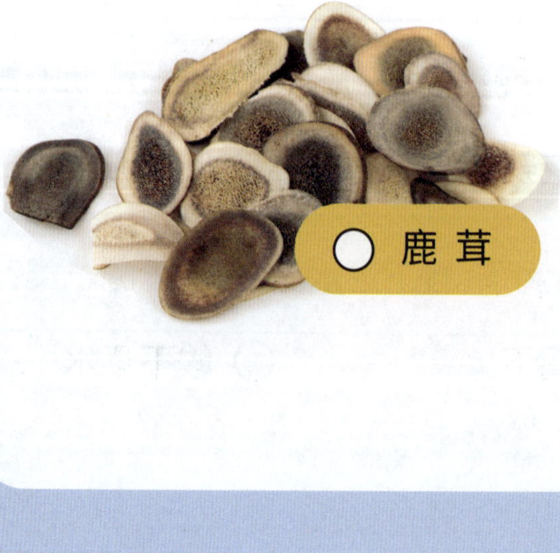

我是小神农

仔细观察，勾选出老师在本课中讲的药材。

○ 当归

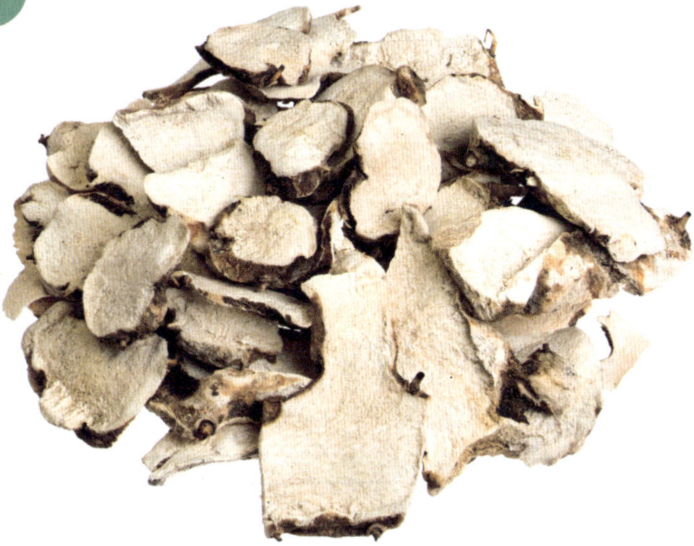

○ 黄精

生活应用

做一做 厨房里的小妙招

黄精粳米粥

《日华子本草》记载:“黄精补五劳七伤,助筋骨,止饥,耐寒暑,益脾胃,润心肺。”黄精容易助湿邪,所以脾虚有湿,表现为咳嗽、痰多、便溏的人应避免食用。

制作方法

原料:

黄精30克,粳米100克,冰糖适量。

做法:

1.将黄精放入锅中,加水清洗干净后,倒出清洗水,加入适量饮用水,煎煮沸后,仅取汁。

2.往汁水中加粳米煮粥,待粥熟时放入白糖,煮沸后,再煮片刻停火即可。

图中为炮制后的黄精,颜色由淡黄色变成棕黑色。

制作时,一定要注意安全啊!

家校共育

学习收获

成果展示

留个纪念吧

家长评语（孩子的表现可以打几星呢？）

☆☆☆☆☆

答案解析 √

1.如果发现大便干燥，出现便秘的现象，以下哪个行为会有帮助呢?

喝蜂蜜水√

大便干燥，出现便秘，可以喝蜂蜜水来缓解症状。蜂蜜有润肠的作用，可以使大便通畅。早上起来用温水冲一杯蜂蜜水喝，有助于润肠通便。另外，日常饮食中，可以多吃富含粗纤维的蔬菜，养成良好的饮食习惯，忌烟忌酒，保持充足的睡眠，这些都是保持肠道健康、大便顺畅需要做到的。

2.泻下药分为三类，分别是攻下、润下、峻下逐水。蜂蜜属于哪一类?

润下 √

凡能攻积、逐水、引起腹泻，或润肠通便的药物，称为泻下药。根据泻下程度的不同，一般可分为攻下药、润下药和峻下逐水药三类。

攻下药多味苦性寒，既能通便，又能泻火，多用于大便燥结、实热壅滞者。

润下药多为植物的种仁或果仁，富含油脂，具有润滑肠道的作用，从而使大便易于排出，适用于血虚津枯所致的便秘。

峻下逐水药作用峻猛，会引起强烈腹泻而使大量水分从大小便排出，以达到消除肿胀的目的，故适用于水肿胀满、胸腹积液、痰饮积聚、喘满壅实等症。

3. 连线：补气——人参　补血—— 阿胶

补阴——百合　补阳—— 鹿茸

补虚药物在临床上主要分为补气药、补血药、补阴药、补阳药。常见补气的中药有人参、黄芪、黄精、白术等;补血的中药有大枣、熟地黄、当归、阿胶、龙眼肉等;补阴的中药有沙参、麦冬、石斛、百合、枸杞子、黑芝麻等;补阳的中药有淫羊藿、肉苁蓉、鹿茸等。

黄 精

黄精为百合科植物滇黄精、黄精或多花黄精的干燥根茎,按形状不同,习称“大黄精”“鸡头黄精”“姜形黄精”。春、秋二季采挖,除去须根,洗净,置沸水中略烫或蒸至透心,干燥。

黄精性平,味甘,归脾、肺、肾经,有补气养阴、健脾、润肺、益肾的功效,常用于脾胃气虚、体倦乏力、胃阴不足、口干食少、肺虚燥咳、劳嗽咯血、腰膝酸软、须发早白、内热消渴等病症。

神奇的经络与穴位

神奇的经络

课程目标

学习中医理论中的经络体系以及任、督二脉的概念和作用。

知识点摘要

经络分为经脉和络脉。经脉是身体中的主要路径，就像长江、黄河一样的大江大川，而络脉就像“网络”，是从经脉上分出来的分支，纵横交错，遍布全身，就像各种河道交织出来的河网。

任、督二脉属于奇经八脉，其中任脉主血，为阴脉之海；督脉主气，为阳脉之海。任、督二脉可沟通十二经脉，对十二经气血有蓄积渗灌的调节作用。

动手动脑

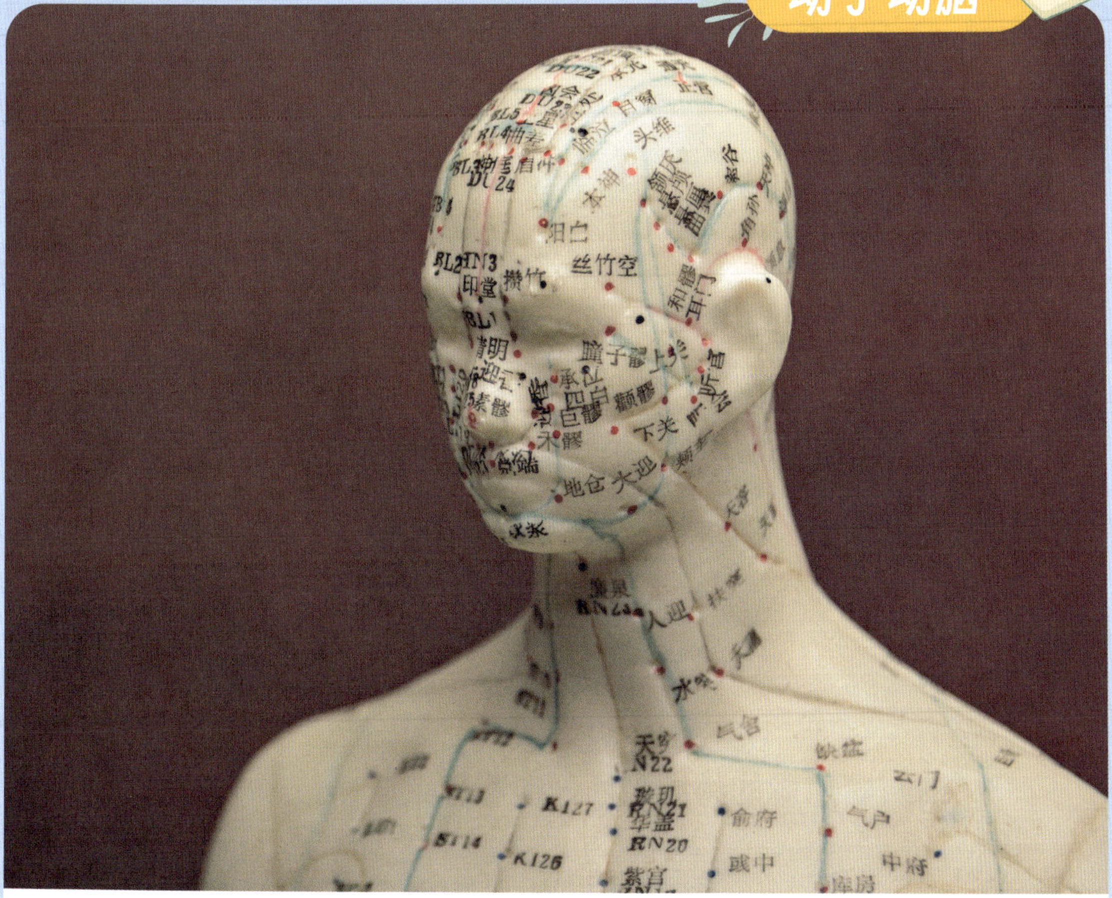

在正确答案前的圆圈中打钩

1.人体经络系统中的正经一共有12条，除了和五脏六腑对应的11条之外，还有一条特殊的经络，叫什么？

○ 肝经

○ 心包经

○ 肾经

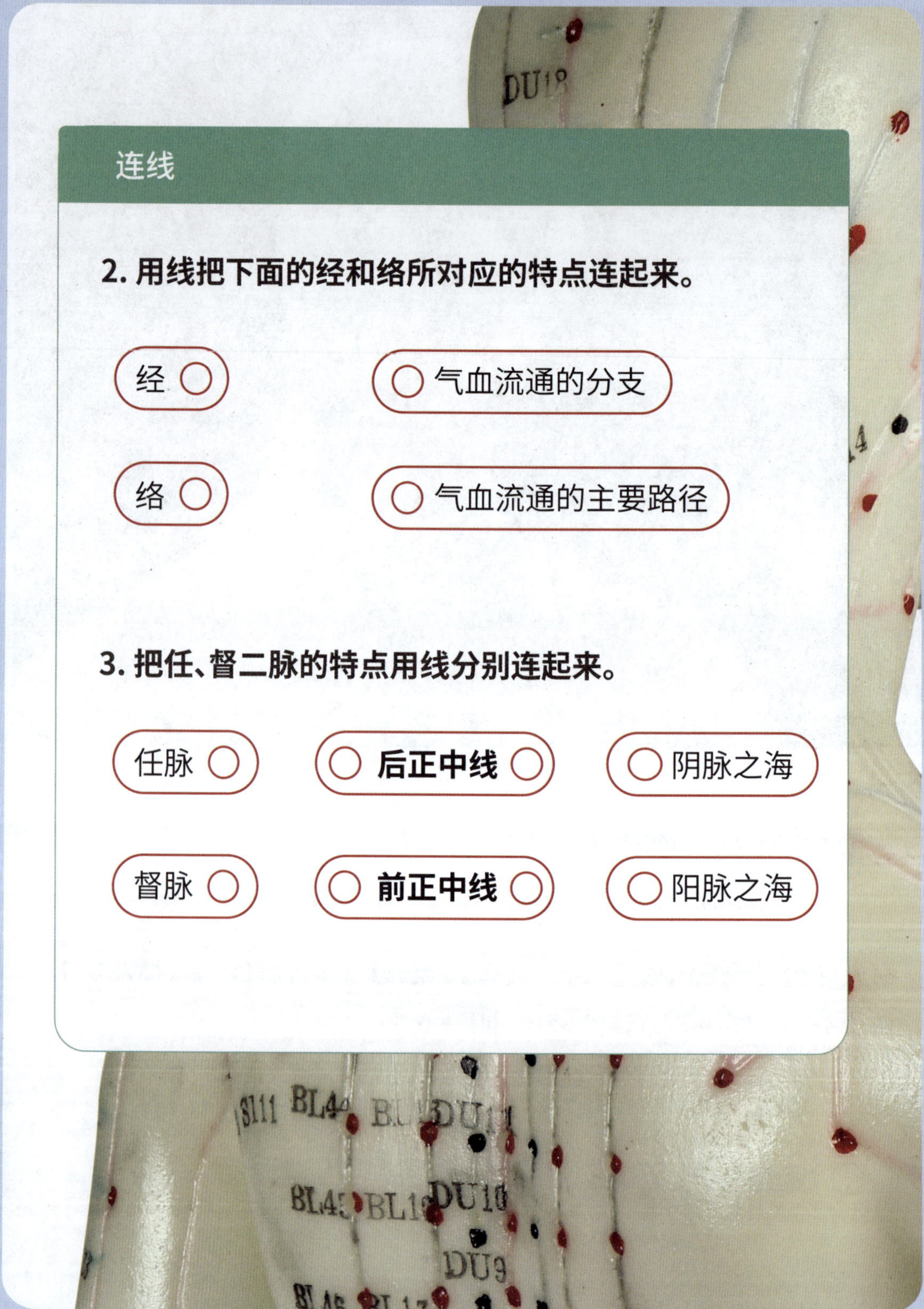

连线

2. 用线把下面的经和络所对应的特点连起来。

经 ○	○ 气血流通的分支
络 ○	○ 气血流通的主要路径

3. 把任、督二脉的特点用线分别连起来。

任脉 ○	○ **后正中线** ○	○ 阴脉之海
督脉 ○	○ **前正中线** ○	○ 阳脉之海

我是小神农

仔细观察，勾选出老师在本课中讲的药材。

○ 石斛

○ 砂仁

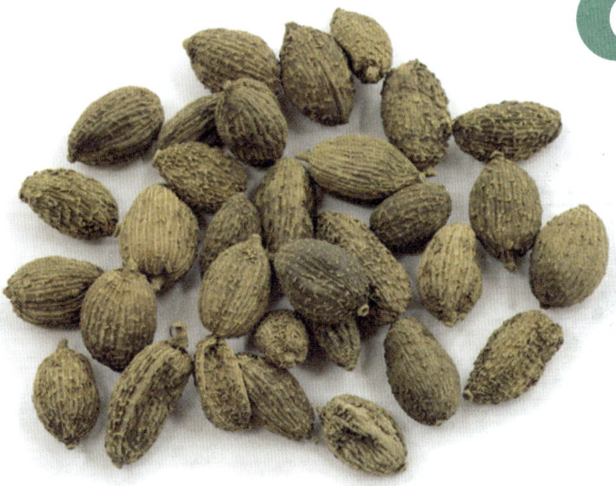

尝一尝

生活应用

食疗养生学一学

石斛茶

石斛是一种补阴的中药，它的主要功效是养胃生津、滋阴退热。石斛富含黏胶质，属于植物多糖，还含有石斛碱，所以它对刺激胃液分泌、促进胃肠蠕动、保护胃肠功能都有很好的效果。

制作方法

原料：

石斛15克，冰糖适量。

做法：

1.将石斛清洗干净，去除杂质。

2.将石斛切薄片或碾成颗粒，放在陶瓷杯或者玻璃杯里。

3.往杯中注入90℃以上热水，密封浸泡20分钟左右，加入适量冰糖即可饮用。

4.可重复冲泡，直至无味，连渣嚼服。

泡茶时，一定要注意安全啊！

家校共育

学习收获

____

____

成果展示

留个纪念吧

家长评语（孩子的表现可以打几星呢？）

☆ ☆ ☆ ☆ ☆

答案解析 √

1.人体经络系统中的正经一共有12条，除了和五脏六腑对应的11条之外，还有一条特殊的经络，叫什么？　心包经 √

人体一共有12条主要经络，除了和五脏六腑对应的11条之外，还有一条特殊的经络叫作心包经。这条经自胸中起始，向下贯穿膈肌，联络上、中、下三焦。心包经循行在手臂的内侧正中线，一共有9个穴位，穴位虽少，但都是非常重要的穴位。经常按摩、刺激心包经上的穴位，对心痛、心悸、胸闷、失眠、癫痫、晕厥等都有很好的缓解和治疗作用。

2.连线：

经	气血流通的分支
络	气血流通的主要路径

经络是运行气血、联系脏腑和体表及全身各部的通道，是人体功能的调控系统。“经”的原意是“纵丝”，有路径的意思，简单说就是人体内系统联络的主要路径，存在于机体内部，贯穿上下，沟通内外；“络”的原意是“网状的东西”，在这里就是指主路分出的辅路（分支），存在于机体的浅表，纵横交错，遍布全身。

3. 连线：

任脉	后正中线	阴脉之海
督脉	前正中线	阳脉之海

任脉，行于腹面（前面）正中线，其脉多次与手足三阴经及阴维脉交会，总督一身之阴经，故称“阴脉之海”。任脉起于胞中，与女子妊娠有关，故有“任主胞胎”之说。督脉，行于背部（后面）正中，其脉多次与

手足三阳经及阳维脉交会，总督一身之阳经，故称为“阳脉之海”。督脉行于脊里，上行入脑，并从脊里分出属肾，它与脑、脊髓、肾都有着密切联系。

石斛

石斛为兰科植物金钗石斛、霍山石斛、鼓槌石斛或流苏石斛的栽培品及其同属植物近似种的新鲜或干燥茎。

金钗石斛：呈扁圆柱形，长20～40厘米，直径0.4～0.6厘米，表面呈金黄色或黄中带绿色，有深纵沟，质硬而脆，断面较平坦而疏松。

霍山石斛：干条呈直条状或不规则弯曲形，长2～8厘米，直径1～4毫米。表面呈淡黄绿色至黄绿色，偶有黄褐色斑块，有细纵纹，节明显。肉质，易折断，断面呈淡黄绿色至深绿色。

鼓槌石斛：呈粗纺锤形，具3～7节，表面光滑，呈金黄色，有明显凸起的棱，质轻而松脆，断面呈海绵状。

流苏石斛：呈长圆柱形，节明显，节间长2～6厘米，表面呈黄色至暗黄色，有深纵槽，质疏松，断面平坦或呈纤维性。

石斛性微寒，味甘，归胃、肾经，有益胃生津、滋阴清热的功效，常用于热病津伤、口干烦渴、胃阴不足、食少干呕、病后虚热不退、阴虚火旺、目暗不明、筋骨痿软等病症。

经络的组成与作用

课程目标

学习经络系统的组成和作用。

知识点摘要

经络是经脉和络脉的总称，是运行全身气血、联络脏腑形体官窍、沟通上下内外、感应传导信息的通路系统，是人体结构的重要组成部分。

动手动脑

在正确答案前的圆圈中打钩

1.络脉一共有15条，除了与十二经脉相对应的12条之外，还有与任脉对应的络脉，以及与督脉对应的络脉，最后还有一条特殊的络脉，你知道叫什么吗？

○ 肝之大络　　○ 脾之大络

○ 心包大络

2.（多选题）经络的作用主要有哪些呢？

○ 联络脏腑，沟通表里

○ 运行气血，濡养周身

○ 抵御外邪，保卫机体

在正确答案前的圆圈中打钩 ✓

3.心情不好，肝火旺盛，眼睛发红，体现的是经络的哪一个作用？

○ 抵御外邪　○ 抵抗疾病　○ 沟通表里

我是小神农

仔细观察，勾选出老师在本课中讲的药材。

○ 百合

○ 山药

做一做 生活应用

厨房里的小妙招

山药小米粥

山药可是健脾养胃的好食材，餐桌上也经常会出现用山药做出来的美味佳肴，如山药小米粥、山药炒木耳等。香甜软糯、好吃易消化的山药小米粥，早上喝上一碗，胃特别舒服，下面就来学习一下山药小米粥的做法吧。

制作方法

原料：

小米150克，山药1根，冰糖适量。

做法：

1.先把小米淘洗干净，然后用温水浸泡一下；山药去皮后洗净，切成小段。

2.锅中倒入适量热水，把小米放入锅中。

3.等小米煮开后把切好的山药一起放入锅中。

4.大火转小火，焖煮20分钟，等小米粥变浓稠、山药变软糯后加入适量的冰糖。

5.等冰糖融化后，就可以关火了。

制作时，一定要注意安全啊！

学习收获

成果展示

留个纪念吧

家长评语（孩子的表现可以打几星呢?）

答案解析 √

1.络脉一共有15条，除了与十二经脉相对应的12条之外，还有与任脉对应的络脉，以及与督脉对应的络脉，最后还有一条特殊的络脉，你知道叫什么吗？ 脾之大络 √

脾之大络为十五络脉之一。《灵枢·经脉》记载："脾之大络，名曰大包，出渊腋下三寸，布胸胁。"它从渊腋穴（胆经）下三寸的大包穴处分出，散布在胸胁部，病变时，实则浑身尽痛，虚则全身关节松弛无力。

2.经络的作用主要有哪些呢？ 联络脏腑，沟通表里 √ 运行气血，濡养周身 √ 抵御外邪，保卫机体 √

经络是中医学中经脉和络脉的总称，是运行全身气血、联络脏腑形体官窍、沟通上下内外、感应传导信息的通路系统，是人体结构的重要组成部分、人体功能的调控系统，也是针灸和按摩的基础。中医把经络的生理功能称为"经气运行"，主要表现在：沟通表里上下，联系脏腑器官；通行气血，濡养脏腑组织；抵御外邪，保卫机体。

3. 心情不好，肝火旺盛，眼睛发红，体现的是经络的哪一个作用？ 沟通表里 √

经络能调节人体的机能活动，使之保持协调、平衡，同时沟通着人体内部脏腑气血和表面的皮肤孔窍。肝开窍于目，肝的功能和眼睛是紧密相连的，而这中间的联系和信息沟通就是通过经络完成的。心情不好，肝火旺盛，眼睛发红，就是当肝出现火热上炎的病理情况时，火这一邪气沿肝经联络到眼睛，致使眼睛出现发红的症状。所以，这体现的是经络沟通表里的作用。

山 药

山药为薯蓣科植物薯蓣的干燥根茎。11—12月采挖，切去根头，洗净泥土，用竹刀刮去外皮，晒干或烘干，即为毛山药。选择粗大的毛山药，用清水浸匀，再加微热，并用棉被盖好，保持湿润闷透，然后放在木板上搓揉成圆柱状，将两头切齐，晒干打光，即为光山药。毛山药表面呈黄白色或淡黄色，有明显纵沟、纵皱纹及未除尽之栓皮，并少数根痕。光山药则呈平滑的圆柱形，表面呈淡黄白色，光滑。山药质坚硬，不易折断，断面白色，以质坚实、粉性足、色洁白者为佳。

山药性平，味甘，归肺、脾、肾经，有补脾养胃、生津益肺、补肾涩精的功效，常用于脾虚食少、久泻不止、肺虚喘咳、肾虚遗精、带下、尿频、虚热消渴等病症。

经络中的“四海”

课程目标

学习中医理论中的“四海”与穴位。

知识点摘要

海，是百川归聚之所。人体“四海”即髓海、血海、气海、水谷之海的总称，为人体气血精髓等精微物质汇聚之所。四海的部位与气街的部位类似，髓海位于头部，气海位于胸部，水谷之海位于上腹部，血海位于下腹部，各部之间相互联系。

《黄帝内经》指出，“气穴所发，各有处名”。穴位，学名腧穴，主要指人体经络线上特殊的点区部位，中医可以通过针灸或者推拿、点按、艾灸刺激相应的穴位治疗疾病。

动手动脑

连线

1.把中医理论所说的四海与其相对应的身体部位，用线连起来。

四海	身体部位
髓海 ○	○ 胸部
血海 ○	○ 上腹部
气海 ○	○ 头部
水谷之海 ○	○ 下腹部

在正确答案前的圆圈中打钩 ✓

2.（多选题）四海的作用是什么？

○ 积蓄　　○ 调节

○ 沟通　　○ 发散

在正确答案前的圆圈中打钩

3.在记载经脉的中医古籍中，有一本中医古籍在长沙马王堆汉墓出土，这本古籍叫什么？

○《足臂十一脉灸经》 ○《本草纲目》 ○《伤寒论》

我是小神农

仔细观察，勾选出老师在本课中讲的药材。

○ 天麻

○ 玉竹

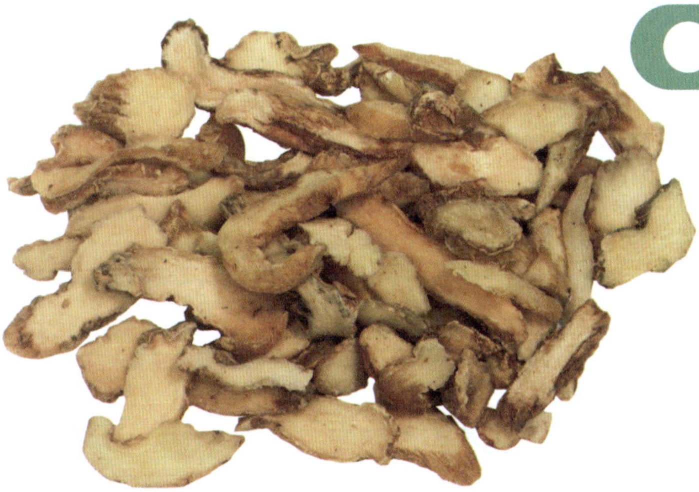

生活应用

做一做 厨房里的小妙招

天麻炖鸡

天麻是一种名贵的中药材，它的入药历史悠久，还被称为“治风圣药”。天麻味甘，性平，归肝经，不仅可以定惊、祛风湿，还具有良好的益气、养肝、止晕、强筋骨的功效。天麻吃法非常多，下面来了解一下天麻炖鸡。

制作方法

原料：

天麻15克，鸡1只（约400克），香菇50克，姜4片，盐2克。

做法：

1. 天麻洗净，切片，入碗上笼蒸熟。
2.鸡处理干净后，切成块，入沸水锅中焯熟，捞出洗净。
3.泡好的香菇洗净，对半切开或切十字花。
4.锅中放入天麻、鸡、香菇、姜片和适量清水。
5.大火煮沸后，转小火炖煮1小时，加盐调味即可。

制作时，一定要注意安全啊！

家校共育

学习收获

成果展示

留个纪念吧

家长评语（孩子的表现可以打几星呢?）

☆☆☆☆☆

答案解析 √

1. 连线：

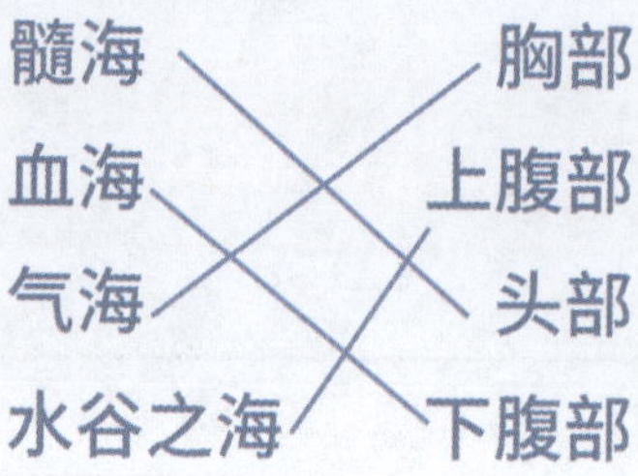

“四海”为髓海、血海、气海、水谷之海的总称，为人体气血精髓等精微物质汇聚之所。“海”是江河之水归聚之处，经络学说认为十二经脉内运行的气血像大地上的水流一样，如百川归海，故《灵枢·海论》指出：“人有髓海，有血海，有气海，有水谷之海，凡此四者，以应四海也。”髓海位于头部，气海位于胸部，水谷之海位于上腹部，血海位于下腹部，各部之间相互联系。

2. 四海的作用是什么？ 积蓄√ 调节√

四海最重要的作用就是积蓄与调节。四海沟通着人体的气血、津液、营养物质。髓海是元神之府，关系五脏六腑生理功能的正常运转；气海主司全身气的正常运行；水谷之海是气血生化之源，支持着消化吸收的营养物质不断地滋养人体；血海主要是冲脉，也称为十二经络之海。

3. 在记载经脉的中医古籍中，有一本中医古籍在长沙马王堆汉墓出土，这本古籍叫什么？ 《足臂十一脉灸经》√

《足臂十一脉灸经》撰成于公元前168年以前，是现存最早的经络专著，系1973年自湖南长沙马王堆汉墓出土之帛书。《足臂十一脉灸经》记述了足太阳、足少阳、足阳明、足少阴、足太阴、足厥阴、臂太阴、臂少阴、臂太阳、臂少阳、臂阳明十一脉之走向，均由四肢末端流向躯体中心或头面方向，有向心性的规律；其治病均用灸法，反映了早期经络学说的面貌。

天 麻

天麻为兰科植物天麻的干燥块茎。天麻成品呈椭圆形或长条形，略扁，皱缩而稍弯曲，长3～15厘米，宽1.5～6厘米，厚0.5～2厘米，表面呈黄白色至黄棕色，有纵皱纹及由潜伏芽排列而成的横环纹多轮，有时可见棕褐色菌索；顶端有红棕色至深棕色鹦嘴状的芽或残留茎基，另一端有圆脐形瘢痕。天麻质坚硬，不易折断，断面较平坦，呈黄白色至淡棕色，角质样。

天麻性平，味甘，归肝经，有息风止痉、平抑肝阳、祛风通络的功效，常用于小儿惊风、癫痫抽搐、眩晕、头痛、肢体麻木、手足不遂、关节不利、风湿痹痛等病症。

十二经脉的走向与交接规律

课程目标

学习十二经脉的走向与交接规律。

知识点摘要

十二经脉通过手足阴阳表里经的连接而逐经相传，构成了一个周而复始、如环无端的传注系统。气血通过经脉即可内至脏腑，外达肌表，营运全身。

其走向和交接规律是：手之三阴经从胸走手，在手指末端交手三阳经；手之三阳经从手走头，在头面部交足三阳经；足之三阳经从头走足，在足趾末端交足三阴经；足之三阴经从足走腹，在胸腹腔交手三阴经。

动手动脑

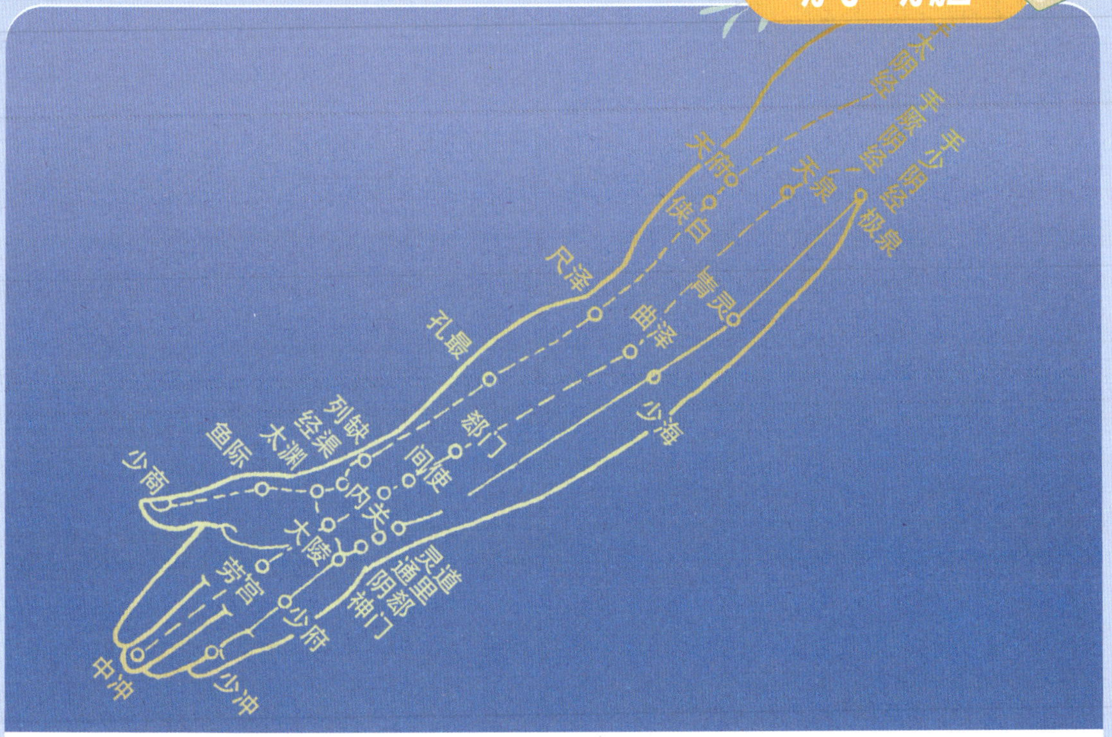

在正确答案前的圆圈中打钩 ✓

1.手三阴经的走行方向是从胸走_____?

○ 心　　○ 手

○ 头　　○ 足

2.足三阳经的走行方向是从头走_____?

○ 心　　○ 手

○ 头　　○ 足

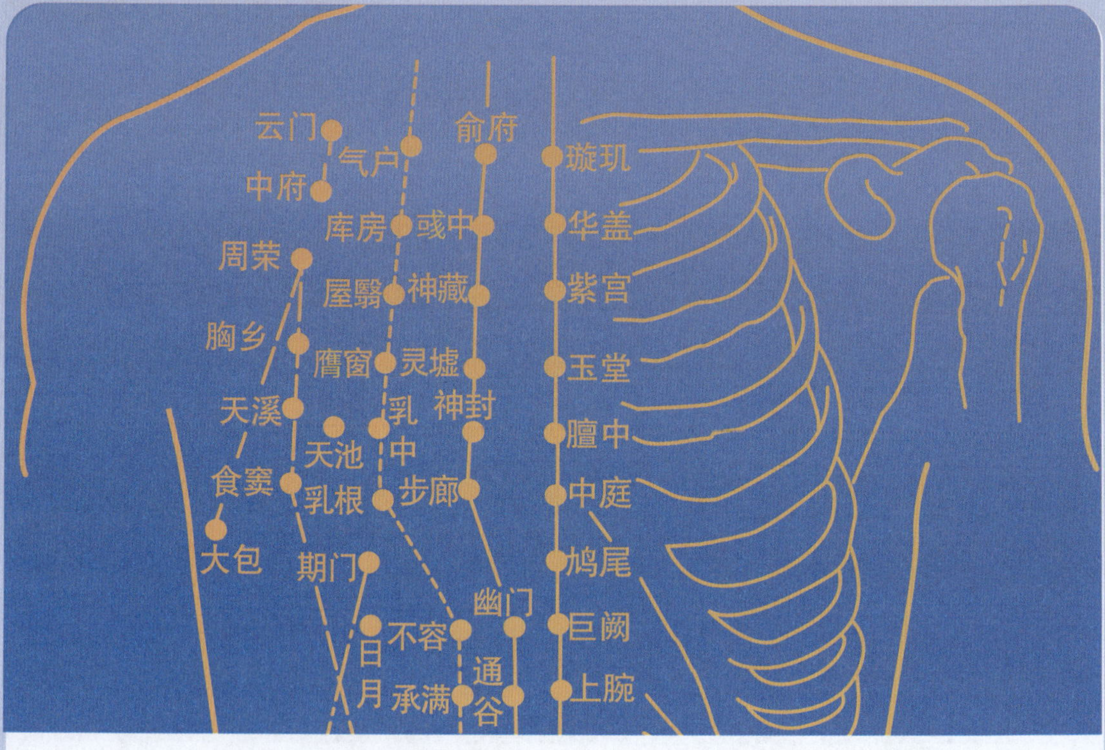

在正确答案前的圆圈中打钩

3.所有的阳经走行都经过_____?

○ 胸　　○ 手

○ 头　　○ 腹

我是小神农

仔细观察，勾选出老师在本课中讲的药材。

○ 龙眼肉

○ 莲 子

做一做 生活应用

厨房里的小妙招

桂圆鸡蛋汤

中药龙眼肉的鲜果就是桂圆。桂圆有着补心安神、益脾增智的功效，同时还含有丰富的维生素。桂圆鸡蛋汤是一道甜品，此汤补心安神，益脾增智，适用于身体虚弱，心悸失眠，或吃得少以致瘦弱、健忘等病症。

制作方法

原料：

鲜桂圆肉50克（干25克），鸡蛋2个，红糖适量。

做法：

1.取洁净桂圆肉置于陶瓷煲中，加入适量水，小火炖煮约30分钟。

2.再加入打碎调匀的鸡蛋，大火加热1分钟即成。

3.盛入碗中，加1勺红糖调味即可。

制作时，一定要注意安全啊！

学习收获

成果展示

留个纪念吧

家长评语（孩子的表现可以打几星呢?）

☆☆☆☆☆

答案解析 √

1.手三阴经的走行方向是从胸走______？　手√

手三阴经，指手太阴肺经、手厥阴心包经、手少阴心经，它们的循行路线都是从胸部起始，经过上臂内侧，走向手指端，所以手三阴经的走行方向是从胸走手。

2.足三阳经的走行方向是从头走______？　足√

足三阳经，指足阳明胃经、足少阳胆经、足太阳膀胱经，它们的循行路线都是从头面部下行，经躯干和下肢而止于足趾间，所以足三阳经的走行方向是从头走足。

3.所有的阳经走行都经过______？　头√

手之三阳，从手走头，足之三阳，从头走足，所以手三阳经与足三阳经的循行都会经过头。头是手三阳经的终点，是足三阳经的起点，这也是为什么我们把头称为“诸阳之会”，也正因为这一点，在寒冷天气或寒邪容易侵袭的情况下，头部保暖尤为重要。

龙眼肉

龙眼肉是无患子科植物龙眼的假种皮，又称为桂圆，7—8月果实成熟呈黄褐色时采摘。龙眼鲜果可以生食或加工成干制品，肉、核均可作药用。鲜品水果外皮饱满，果肉白嫩半透明，口感甘甜水分足；干品入药为龙眼肉，常数片黏结，呈棕褐色，嚼之干结不粘牙，味甜气香砂糖感。入药龙眼肉以片厚、柔润、色棕褐、甜味浓者为佳。

龙眼肉性温，味甘，归心、脾经，具有补益心脾、养血安神的功效，常用于心悸怔忡、失眠、健忘、妇科月经不调以及崩漏等病症。

穴位的名称与分类

课程目标

学习穴位的分类方法和穴位名字的由来。

知识点摘要

穴位的名称都有一定的含义，“药王”孙思邈曾在《千金翼方》中说：“凡诸孔穴，名不徒设，皆有深意。”古人在为穴位起名字时考虑颇多，绝不是随意为之，而是有诸多的道理和意义在里面。

人体的穴位有很多，穴位之间互相联系，不是彼此孤立的；其作用是多方面的，不是单一的。将有共性的穴位加以系统分类，大体上可分为十四经穴、经外奇穴、阿是穴三大类。

动手动脑

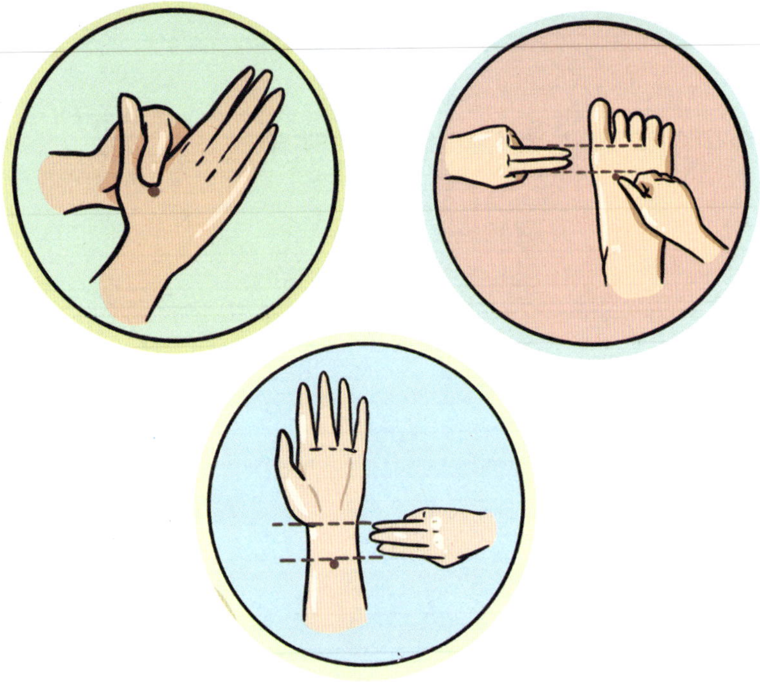

在正确答案前的圆圈中打钩 ✓

1.腧穴分为三大类，第一类是十四经穴，第二类是经外奇穴，还有一类是什么？

○ 太阳穴　○ 阿是穴　○ 四白穴

2.（多选题）下列穴位中属于经外奇穴的是哪些？

○ 太阳穴　○ 印堂穴

○ 四缝穴　○ 三阴交

连线

3.把下列穴位的名称与穴位取名的方法用线连起来。

取象比类法

逻辑推理法

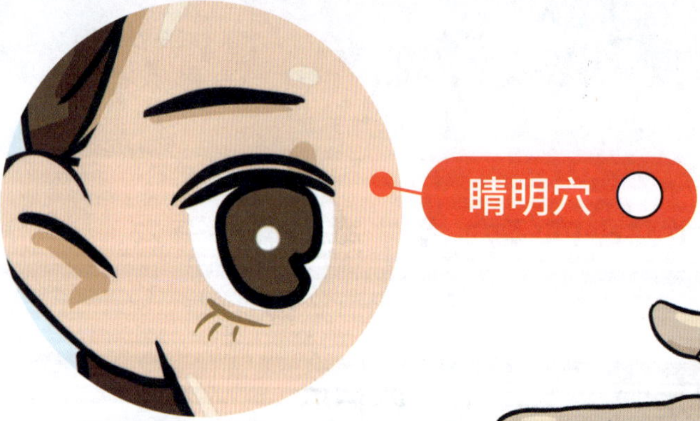

我是小神农

仔细观察，勾选出老师在本课中讲的药材。

○ 芡实

○ 白扁豆

做一做

生活应用

厨房里的小妙招

白扁豆大米粥

白扁豆为豆科植物扁豆的干燥成熟种子，是补脾暖胃、化湿消暑、补虚止泻的药食两宜佳品，尤其在暑热湿重的雨季，更成为家庭餐桌上不可缺少的一种食材。下面来学习做白扁豆大米粥吧。

制作方法

原料：

白扁豆25克，大米50克。

做法：

1.白扁豆洗净后泡8~10小时。
2.大米洗净，用清水泡1小时。
3.大米与白扁豆一起放入砂锅中。
4.砂锅中加入适量清水，大火煮开。
5.小火炖至扁豆熟软即可。

制作时，一定要注意安全啊！

家校共育

学习收获

成果展示

留个纪念吧

家长评语（孩子的表现可以打几星呢?）

☆☆☆☆☆

答案解析 √

1.腧穴分为三大类，第一类是十四经穴，第二类是经外奇穴，还有一类是什么？ 阿是穴√

人体的腧穴大体可分为三类：

（1）经穴，又称十四经穴，为分布于十二经脉和任、督二脉上的腧穴，是全身腧穴的主要组成部分。

（2）奇穴，又称经外奇穴。凡有一定的穴名，又有明确的部位及治疗作用，但尚未归入十四经脉系统的腧穴，均称为奇穴。

（3）阿是穴，又称压痛点，既无具体的名称，又无固定的位置，是以压痛点或其他反应点作为腧穴，用以治疗疾病。

2.下列穴位中属于经外奇穴的是哪些？ 太阳穴√ 印堂穴√ 四缝穴√

在人体上有十四经，即十二正经、任脉和督脉，而经外奇穴通常不在此类经脉的循行路线上，不属于其相关腧穴，但具有固定的名称、位置，还能够发挥一定的功能。以上穴位中太阳穴、印堂穴、四缝穴都属于经外奇穴。

3.连线：取象比类法 — 鱼际穴　逻辑推理法 — 睛明穴

取象比类法　　睛明穴
逻辑推理法　　鱼际穴

穴位名字往往都很好听，但又很难记，其实，穴位的命名均有一定含义。《千金翼方》指出：“凡诸孔穴，名不徒设，皆有深意。”历代医家以腧穴所居部位和作用为基础，结合自然现象和医学理论来命名各个穴位。穴位的命名主要有两个大的原则和方法，即取象比类法和逻辑推理法。

取象比类法：古人应用天人相应的思维方式，把穴位与自然现象比类相附，其名称多反映穴位在定位方面的结构特征。如利用天体地貌命名的日月穴、上星穴、太乙穴、承山穴，参照动植物命名的伏兔穴、鱼际穴、犊鼻穴、鹤顶穴、攒竹穴、禾髎穴等 。

逻辑推理法：按照穴位的作用和功效进行推导来对穴位命名的方法，比如睛明穴；或者按照中医理论进行推导来对穴位命名的方法，比如三阴交穴。

白扁豆

白扁豆又名火镰扁豆、峨眉豆、扁豆子、茶豆等，为豆科扁豆属植物扁豆的干燥成熟种子。秋、冬二季采收成熟果实，晒干后取出种子，再晒干。白扁豆成品呈扁椭圆形或扁卵圆形，长8～13毫米，宽6～9毫米，表面呈淡黄白色或淡黄色，平滑，略有光泽，一侧边缘有隆起的白色眉状种阜，质坚硬。种皮薄而脆，子叶肥厚、呈黄白色，嚼之有豆腥气。

白扁豆性微温，味甘，归脾、胃经，有健脾化湿、和中祛暑的功效，常用于脾胃虚弱、食欲不振、大便溏泻、白带过多、暑湿吐泻、胸闷腹胀等病症。

眼保健操穴位（一）

课程目标

学习眼保健操中的穴位：攒竹穴与睛明穴。

知识点摘要

攒竹穴是人体足太阳膀胱经上的穴位，它有一个非常重要的作用，就是清热明目。当我们长时间盯着电脑或手机的屏幕，感觉眼睛酸涩难忍、胀痛不已的时候，就可以试着按摩攒竹穴1~3分钟，很快这种情况就会得到缓解。

睛明穴是治疗眼部疾病常用的穴位之一，尤其对于经常用眼的人来讲，更应该熟练、准确地掌握此穴的取穴方法，只要简单地按摩一两分钟，就可以明显地缓解眼疲劳，对于学生而言，更是不可多得的预防近视的穴位之一。

动手动脑

连线

1.做眼保健操轮刮眼眶时，会同时刮到眉毛上的3个穴位，用线把3个穴位的名称与图中准确的位置相连接。

○ 攒竹穴　　○ 鱼腰穴　　○ 丝竹空穴

涂一涂

2.用笔在下图正确的睛明穴位置上涂色。

我是小神农

仔细观察，勾选出老师在本课中讲的药材。

○ 陈 皮

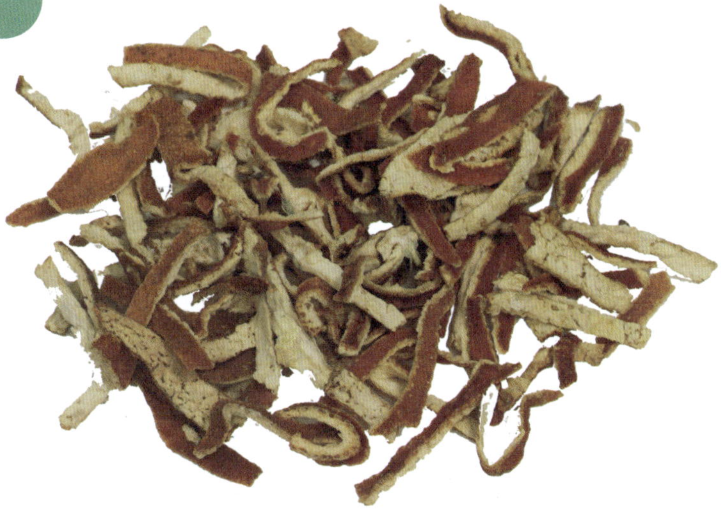

○ 花 椒

生活应用

尝一尝 食疗养生学一学

花椒水

花椒可以用来制作美食佳肴，还有着温中散寒、除湿止痛的功效，如果家里有人牙痛，可以试试用花椒水来缓解。

制作方法

原料：

花椒6克，陈醋100毫升。

做法：

1.将花椒和陈醋加水煎煮5分钟。

2.去掉花椒，将花椒水喝入口中含漱，以此来缓解牙痛。

制作时，一定要注意安全啊！

家校共育

学习收获

成果展示

留个纪念吧

家长评语（孩子的表现可以打几星呢？）

☆☆☆☆☆

答案解析 √

1.连线。

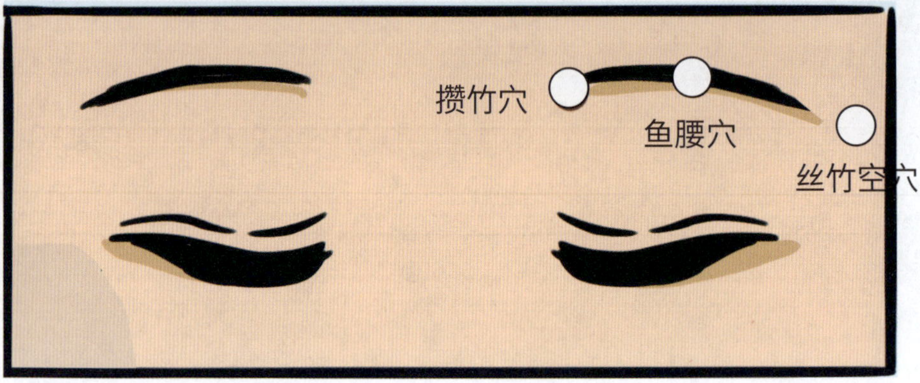

攒竹穴在眉头的眼眶骨凹陷处；鱼腰穴在瞳孔上方、眉毛中间凹陷位置；丝竹空穴在眉梢稍微外侧一点儿（眼眶外），眼眶的凹陷处。按揉这几个穴位能够起到缓解视疲劳及眼睛胀痛、干涩、视力下降等问题。

2.涂一涂。

睛明穴，位于眼部内侧，内眼角稍上方凹陷处。膀胱经的气血由本穴提供给眼睛，眼睛受气血滋润濡养而能视物清晰，变得明亮清澈，故

穴位命名为睛明穴。睛明是足太阳膀胱经、手太阳小肠经、足阳明胃经、阴跷、阳跷五条经脉的交会穴，故睛明穴可以一穴多用，主治眼睛的各种疾患。按揉睛明穴可改善眼周气血供应，从而减轻眼睛疲劳和干涩等症状。

花椒

花椒为芸香科植物青椒或花椒的干燥成熟果皮。秋季采收成熟果实，晒干，除去种子和杂质。植物花椒为蓇葖果，多单生，直径4～5毫米，外表面呈紫红色或棕红色，散有多数疣状突起的油点，对光观察半透明，内表面为淡黄色，香气浓，味麻辣而持久。

花椒性温，味辛，归脾、胃、肾经，有温中止痛、杀虫止痒的功效，常用于脘腹冷痛、呕吐泄泻、虫积腹痛、蛔虫症等病症，外用可治疗湿疹瘙痒等。

眼保健操穴位(二)

课程目标

学习眼保健操中的穴位:四白穴与太阳穴。

知识点摘要

四白穴是人体非常重要的一个穴位。四白穴位于面部,瞳孔正下方,在眶下孔的凹陷处。生活中通过按揉四白穴,可起到保护视力、预防近视发生的作用,对于缓解因长时间用眼导致的眼部疲劳有着良好效果。

太阳穴是人头部的重要穴位,当人们长时间连续用脑后,太阳穴往往会出现重压或胀痛的感觉,这就是大脑疲劳的信号。按摩太阳穴可以给大脑以良性刺激,能够解除疲劳、振奋精神、止痛醒脑,并且能帮助人们继续保持注意力的集中。

动手动脑

连线

1.用线把下图中穴位的名称和其准确的位置连起来。

在正确答案前的圆圈中打钩 ✓

2.（多选题）经常按揉太阳穴，除了能够缓解视疲劳之外，还可以起到什么作用？

○ 缓解头痛　○ 提神醒脑　○ 排毒祛湿

我是小神农

仔细观察，勾选出老师在本课中讲的药材。

益智仁

莲 子

做一做 生活应用

厨房里的小妙招

益智仁粥

益智仁是姜科多年生草本植物益智的干燥成熟果实，味辛，性温，归脾、肾经，具有摄尿固精、温脾止泻、提升心脏功能的功效。益智仁与粳米一起熬煮成粥，能温脾胃而和中，暖肾阳而固下。需要注意的是益智仁粥为温燥粥，凡属温热者或阴虚血热者请勿食用。

制作方法

原料：

益智仁5克，粳米50克，盐少许。

做法：

1.益智仁研为细末。

2.将粳米淘洗后放入砂锅内，加入清水，先用大火煮沸，再用小火熬成稀粥。

3.调入益智仁末和少量盐，稍煮片刻，待粥稠停火即可。

制作时，一定要注意安全啊！

家校共育

学习收获

____

____

成果展示

留个纪念吧

家长评语（孩子的表现可以打几星呢?）

☆☆☆☆☆

答案解析

1.连线。

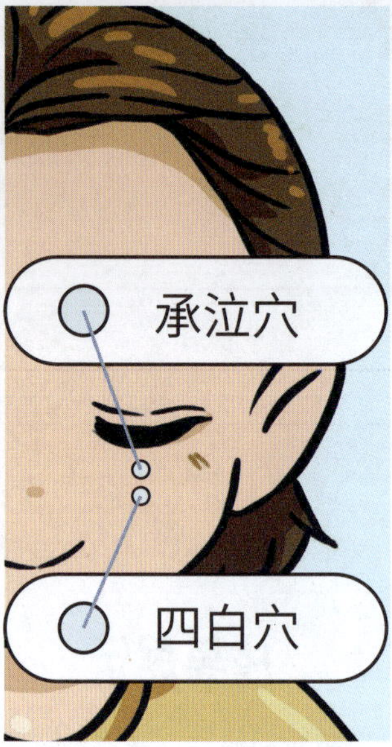

四白穴位于面部，瞳孔正下方，当眶下孔凹陷处（目下1寸当眶下孔部位，直对瞳孔）。用手指按揉该穴，能提高眼睛机能，对于缓解眼睛肿胀疲劳、近视、三叉神经痛等有一定的疗效。

承泣穴在面部，眼球与下眼眶边缘之间，瞳孔直下方，是眼睛的保健要穴之一。经常揉这个穴位，可预防近视眼，缓解眼部疲劳，对于消除眼袋也有一定的功效。

直观地看，承泣穴在四白穴的上方，更靠近眼球的位置。

2. 经常按揉太阳穴，除了能够缓解视疲劳之外，还可以起到什么作用？ 缓解头痛 ✓ 提神醒脑 ✓

太阳穴位于头部侧面，眉梢和外眼角中间向后一横指凹陷处（在外眼角外上方大约1寸处，用手摸有一个很明显的凹陷）。太阳穴属经外奇穴，也是最早被各家武术拳谱列为要害部位的“死穴”之一。少林拳中记载，太阳穴一经点中“轻则昏厥，重则殒命”，现代医学证明，打击太阳穴，可造成脑震荡使人意识丧失，甚至致死，所以它是一个功效强大但同时很脆弱的穴位。按揉太阳穴可以给大脑良性刺激，能够解除疲劳、提神醒脑，还能缓解头痛和眼睛疲劳等症状。

益智仁

益智仁为姜科植物益智的干燥成熟果实。其成品呈纺锤形或椭圆形，长1.2～2厘米，直径1～1.3厘米，外皮呈红棕色至灰棕色，有纵向断续状的隆起线13～20条。皮薄而稍韧，与种子紧贴。种子集结成团，分3瓣，中有薄膜相隔，每瓣有种子6～11粒。种子呈不规则扁圆形，表面呈灰褐色或灰黄色，有一条沟状种脊，种子破开后里面为白色，粉性。

益智仁性温，味辛，归脾、肾经，有温脾暖肾、止泻摄涎、固精缩尿的功效，常用于脾胃虚寒、呕吐、泄泻、腹中冷痛、口多唾涎、肾虚遗尿、尿频等病症。

写一写

课程全都学完啦，写一写你的感想吧。

我们是
中医药文化传承人

主编邮箱　shiyituozhan@sina.com
读后感征集　shiyituozhan@sina.com
售后问题或建议请联系　400-923-1068

中医药文化与劳动技能学习手册

第二册（下）

主编 许艺元

中医古籍出版社
Publishing House of Ancient Chinese Medical Books

序　一

中医药学是中国传统文化中一颗璀璨的明珠，具有独特的理论体系。中医药具有神奇的疗效，数千年来它为中华民族的繁衍昌盛做出了不可磨灭的贡献。时至今日，中医药在保障我国人民身体健康及防治疾病方面仍然发挥着无可替代的作用。

当前我国大力推进“健康中国”战略，“中医药文化进校园”就是其中一项重要的举措。让学生们从小接触、了解中医药知识，引导、培养他们热爱中医药文化，对提高学生乃至整个民族的身心健康、文化修养，提高民族自信心、自豪感，具有重大的意义。本手册的编辑出版是“中医药文化进校园”向前迈进的可喜一步。

这套手册充分考虑了小学生的认知特点，采用直白通俗的语言、平易近人的语气，将中国医药史、中医药基础理论、常见中草药、常用养生方法等内容做了深入浅出的阐述，依次编排成“学习目标”“知识点摘要”“动手动脑”“我是小神农”“厨房里的小妙招”“食疗养生学一学”“家校共育”等部分，将枯燥的内容编写得鲜活生动、妙趣横生。本手册贴近生活，主题鲜明，不仅内容丰富，构思巧妙，而且编排缜密，图文并茂，引人入胜，既有利于学生阅读，又便于家长参与互动。

这套手册不仅惠及小学生，更惠及家庭，惠及社会。

北京中医药大学教授　王育杰

序　二

中医药文化是我国优秀传统文化的重要组成部分。继承和弘扬中医药文化，对于推动“健康中国”建设、文化强国战略都发挥着不可替代的作用。

中医药是中华民族的瑰宝，一株小草改变世界，一枚银针联通中西，一缕药香穿越古今。

本书将中医药文化课程与劳动课相结合，旨在将劳动课“上”出特色，让学生们近距离感受中医药文化，了解中医中药，加深对中草药的认知，感受中医药文化的博大精深，增强对传统文化的认同感和归属感，激发对中华传统文化的热爱。同时，让劳动教育落地生根，引导学生养成良好的劳动习惯，感受劳动之美，把劳动教育融入中医药文化系列课程中，使学生养成健康的生活习惯，引导学生不仅会“认”，而且会“用”，运用穴位、常用中药材使用方法等中医药知识来调理身体健康，真正做到让知识服务于生活。

许艺元

编写说明

中医药学是中华民族的瑰宝，凝聚着中华民族的博大智慧，为中华民族的健康和繁衍昌盛做出了不可磨灭的贡献，是我国文化软实力的重要组成部分。少年强则国强。培养中小学生的文化自信和综合能力，中医药是不可或缺的内容。

本手册针对小学生特点，力图将中医药知识的普及与基础教育课程有机衔接，重视小学生的实践应用与技能的培养，让中医药知识真正指导健康生活，促使学生通过学习，不但有了“信中医、爱中医”的兴趣火种，也有了“用中医、爱生活”的健康生活习惯和良好的学习与实践思维方式。

本学期课程分为5个单元，共16节课，内容包含我们成长的过程、中医诊断四诊合参、九种体质的秘密、情绪与健康、我是小神医。每讲课程主要分为“基础知识”“动手动脑”“我是小神农”三个部分。课程精选趣味性、实践性、启发性强的中医药故事和知识点，使教学内容更加贴合小学生的认知水平。“基础知识”部分对应手册中的课程目标与知识点摘要；“动手动脑”部分，让同学们在手册上共同完成答题思考，及时巩固课程内容；课程中特有的“我是小神农”环节，教同学们了解和辨识一味中药材，从炮制为饮片的形态特征，引申至其植物状态、适宜的生长环境再到药材的制作过程特点，让同学们不但能了解对应的药材有什么作用，而且能了解它的“前世今生”。学习完成后在手册中进行对应练习。

学习手册中还特别设有“生活应用”与“家校共育”部分，引导同学们在生活中观察与实践，记录下学习收获，也可收集家长对于孩子学习表现的反馈。

希望通过学习和实践，把这些凝聚着东方文明的精华和中华优秀文化的精髓传递给学生们，使他们了解中医药知识，并从小树立起正确的文化价值观，养成健康的生活习惯。

手册与课程虽几经修改打磨，尽量广泛征求各方意见，但不足之处仍难以避免，恳请各位老师、同学批评指正，以便未来修订提高。

许艺元

目　录

情绪与健康

我是小神医

让我们一起走进
神秘的中医药文化世界

生命的开始

课程目标

学习中医理论中男女生命周期规律的特点。

知识点摘要

世界上的一切事物都在不断地运动变化。事物之所以能够运动、发展和变化，根源就是事物本身存在相互对立统一的阴阳两方面。正如《黄帝内经》所说："阴阳者，天地之道也，万物之纲纪，变化之父母，生杀之本始，神明之府也。"《素问·上古天真论》里提到过一个很重要的定律，叫作"女七男八"，意思就是女子的生命节律以7年为一个单位，而男子的生命节律以8年为一个单位。女子每隔7年，生理上会发生一次很明显的改变，而男子则是每隔8年。所以在这些重要的生命节律中，男女都要注意顺应变化规律，调节饮食、运动等生活方式，以更好地适应身体上所发生的改变。

动手动脑

在正确答案前的圆圈中打钩 ✓

1.宝宝在妈妈肚子里从胚胎慢慢成长为一个健康可爱的小娃娃，这是一个漫长而美妙的过程。那么，你知道胚胎在子宫里要发育多少天吗？

○ 260天　　○ 280天

○ 300天　　○ 365天

在正确答案前的圆圈中打钩 ✓

2. 你知道“天癸”是在女孩子成长的哪个阶段到来的吗?

○ 儿童期　○ 青春期　○ 更年期

3. 你知道“天癸”是在男孩子成长的哪个阶段到来的吗?

○ 8岁　○ 14岁

○ 16岁　○ 18岁

我是小神农

仔细观察，勾选出老师在本课中讲的药材。

○ 桑叶

○ 薄荷

生活应用

尝一尝

食疗养生学一学

桑叶茶

桑叶性寒，具有凉血止血的功效，对于舌红苔黄、发热口渴、烦热躁扰等病症有一定的调理效果。

制作方法

原料：

桑叶（鲜）适量。

做法：

取适量桑叶，清洗干净后切成碎片，放入杯中，加入适量的开水，泡10分钟左右即可饮用。

泡茶时，一定要注意安全啊！

家校共育

学习收获

____

____

成果展示

留个纪念吧

家长评语（孩子的表现可以打几星呢?）

☆☆☆☆☆

答案解析 ✓

1. 宝宝在妈妈肚子里从胚胎慢慢成长为一个健康可爱的小娃娃，这是一个漫长而美妙的过程。那么，你知道胚胎在子宫里要发育多少天吗？ 280天 ✓

一般来说，在正常情况下，胚胎在子宫内发育时长大概是280天，换算成孕周是40周，也就是人们说的“怀胎十月”。

2. 你知道“天癸”是在女孩子成长的哪个阶段到来的吗？ 青春期 ✓

《素问·上古天真论》曰：“女子七岁，肾气盛，齿更发长；二七而天癸至，任脉通，太冲脉盛，月事以时下，故有子。”意思是女孩子7岁左右的时候，肾气初至，开始逐渐向旺盛的阶段发展，牙齿开始生长坚固，头发变得更浓密色黑；女孩子二七（14岁）的时候，任脉和太冲脉都随着机体的发育而旺盛，这时候月经会来潮。女性第一次月经来潮称为月经的初潮，是青春期的重要标志。

3. 你知道“天癸”是在男孩子成长的哪个阶段到来的吗？ 16岁 ✓

《素问·上古天真论》：“丈夫八岁肾气实，发长齿更；二八肾气盛，天癸至，精气溢泻，阴阳和，故能有子。”男孩子到8岁左右的时候，更换乳牙，头发也长得更快了；到二八（16岁）时，肾气旺盛，肾精足，精气就要溢泻。所以，“天癸”是在男孩子16岁左右这个阶段到来的。

桑 叶

桑叶为桑科植物桑的干燥叶。初霜后采收，除去杂质，晒干。桑叶是蚕的主要食物。完整叶片呈卵形、宽卵形，长约15厘米，叶片基部呈心形，顶端微尖，边缘有锯齿，叶脉密生白柔毛。老叶较厚，呈黄绿色，嫩叶较薄，呈暗绿色。桑叶质脆，握之扎手，气淡，味微苦涩。药用一般认为霜后采摘质佳。桑叶因其芽头营养价值丰富而被大众喜爱，被现代人称为桑芽菜。有人将桑叶的芽头做成了菜式，而使其食疗价值得以彰显。

桑叶性寒，味苦、甘，归肺、肝经，具有疏散风热、清肺润燥、清肝明目、凉血止血的功效，主治风热感冒，温病初起，肺热咳嗽，肝阳上亢眩晕、目赤昏花，血热妄行之咯血、吐血等病症。

四诊合参(一)

课程目标

中医望、闻、问、切是了解和判断疾病四种不同的诊察方法, 在临床诊疗中需要将它们有机地结合起来, 也就是要“四诊合参”, 只有这样才能全面系统地了解病情, 做出正确的判断。

知识点摘要

望诊是用眼观察病人的神、色、形、态、舌、局部表现、分泌物和排泄物色与质的变化等情况来诊察病情的方法。闻诊是通过医生的听觉和嗅觉, 收集病人说话、呼吸、咳嗽的声音以及身体和其分泌物散发出来的气味等信息, 以此作为判断疾病的依据。

动手动脑

在正确答案前的圆圈中打钩

1.（多选题）你知道“望诊”包括观察病人的哪些方面吗？

○ 神　○ 色　○ 形　○ 舌

2.（多选题）你知道“闻诊”包括哪几个方面的内容吗？

○ 听声音　○ 嗅气味　○ 看舌苔

在正确答案前的圆圈中打钩

3.你知道正常舌象的特征是什么吗？

- ◯ 淡红舌，薄白苔
- ◯ 绛红舌，薄白苔
- ◯ 淡红舌，薄黄苔

我是小神农

仔细观察，勾选出老师在本课中讲的药材。

○ 肉豆蔻

○ 橘 红

生活应用

做一做 厨房里的小妙招

橘红清炖鸡汤

橘红具有散寒燥湿、止咳、健脾消食等功效。经常用橘红煮汤喝，具有止咳化痰的功效。

制作方法

原料：

橘红15克，鸡肉100克，生姜1片。

做法：

1.橘红稍浸泡；鸡肉洗净，去皮，切块；姜洗净。

2.一起下炖盅，加入热水400毫升，加盖隔水炖约两个半小时便可。

3.进饮时方下盐。此为1人1日量，可分2次进饮。

制作时，一定要注意安全啊！

家校共育

学习收获

____

____

成果展示

留个纪念吧

家长评语（孩子的表现可以打几星呢？）

☆ ☆ ☆ ☆ ☆

答案解析 √

1.你知道“望诊”包括观察病人的哪些方面吗？ 神√ 色√ 形√ 舌√

中医望诊是医生运用视觉观察病人的神、色、形、态、舌、局部表现、分泌物和排泄物色与质的变化等情况来诊察病情的方法。主要包括：

(1)望神：观察病人表现于外的精神状态及意识思维活动，判断其精气的盛衰、病情的轻重和疾病预后的好坏。望神的重点是神情、眼神、气色等。

(2)望色：是通过观察面部和全身皮肤色泽的变化来诊察病情的方法。

(3)望形：主要是观察病人形体的强弱、胖瘦及活动状态等情况。

(4)望舌：主要是观察舌质和舌苔的变化。正常的舌象为淡红舌，薄白苔。

2.你知道“闻诊”包括哪几个方面的内容吗？ 听声音√ 嗅气味√

闻诊包括听声音和嗅气味两个方面。

听声音是指诊察病人的声音，包括语言、呼吸、咳嗽、呕吐、呃逆、嗳气、太息、喷嚏、肠鸣等。通常声高气粗重浊多属实证，反之则属虚证。语言错乱多属心的病变，呼吸、咳嗽、喷嚏多与肺的功能有关，呕吐、呃逆、嗳气则多是胃气上逆的表现。

嗅气味可分病体和病室两个方面。病体的气味主要是由于疾病使人体脏腑、气血、津液产生败气，以致从体窍和排出物发出。病室气味则是由病体及其排泄物散发的气味，如瘟疫病人室内有霉腐臭气，失血病人室内有血腥气味，尿味则多见于水肿病晚期患者。

3.你知道正常舌象的特征是什么吗？ 淡红舌，薄白苔√

正常舌象：舌色淡红，鲜明润泽；舌苔薄白，苔质颗粒均匀、干湿适中、不滑不燥；透过薄薄的舌苔可以隐约见到淡红色的舌体，舌根部位的舌苔稍微增厚。

正常舌象可归纳为“淡红舌，薄白苔”，反映了脏腑功能状态较好，表明气血津液充盈，消化、代谢、循环等方面功能均处于协调平衡状态。

橘 红

橘红为芸香科植物橘及其栽培变种的干燥外层果皮。秋末冬初果实成熟后采收，用刀削下外果皮，晒干或阴干。成品呈长条形或不规则薄片状，边缘皱缩向内卷曲；外表面呈黄棕色或橙红色，存放后呈棕褐色，密布黄白色突起或凹下的油室；内表面呈黄白色，密布凹下透光小圆点；质脆易碎。

橘红气芳香，性温，味辛、苦，归肺、脾经，具有理气宽中、燥湿化痰的功效，用于咳嗽痰多、食积伤酒、呕恶痞闷等病症。

四诊合参(二)

课程目标

中医望、闻、问、切是了解和判断疾病四种不同的诊察方法，在临床诊疗中需要将它们有机地结合起来，也就是要“四诊合参”，只有这样才能全面系统地了解病情，做出正确的判断。

知识点摘要

问诊是医生通过向病人或知情人了解病人的主观症状、疾病发生及演变过程、治疗经历等情况，作为诊断依据的方法。切诊是医生运用手和指端的触觉，对病人体表的一定部位进行触摸按压，从而了解病情的一种方法，包括切脉和按诊。由于切脉占切诊中主要部分，所以很多时候也把切脉称为切诊。切脉是医生用手指切按病人动脉搏动处，根据搏动显现的部位、频率、强度、节律和脉波形态等因素组成的综合征象，来了解病人所患病症的内在变化。

动手动脑

在正确答案前的圆圈中打钩

1.医生在了解现病史的过程中，最重要的一点是什么？

○ 既往史　○ 手术史　○ 主诉　○ 家族史

2.问诊中的“十问歌”始见于哪部著作？

○《黄帝内经》　○《景岳全书》

○《针灸甲乙经》　○《伤寒杂病论》

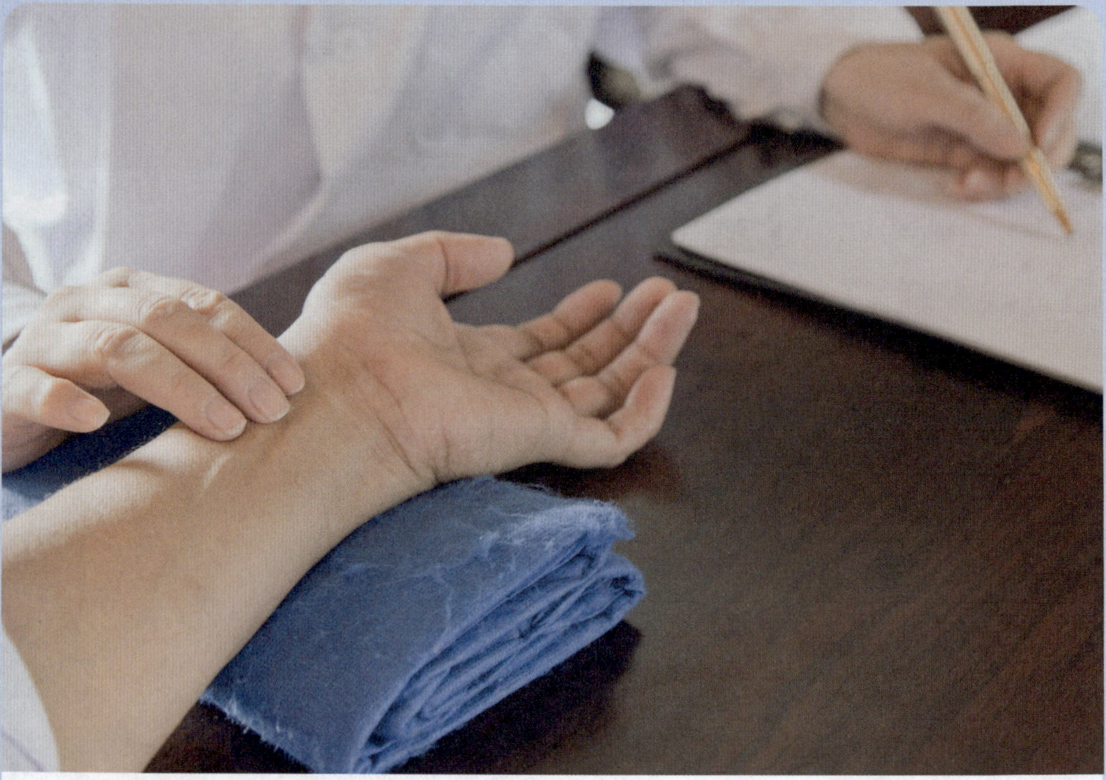

在正确答案前的圆圈中打钩

3.习惯上切诊多指脉诊，脉诊又被通俗地称为什么？

○ 号脉　　○ 针灸　　○ 刮痧

我是小神农

仔细观察，勾选出老师在本课中讲的药材。

○ 桔梗

○ 人参

桔梗茶

桔梗茶有化痰利咽的功效，适用于慢性咽炎、咽痒不适、干咳等。

制作方法

原料：

桔梗10克，蜂蜜适量。

做法：

1.桔梗略微冲洗。

2.直接将桔梗放入杯中，冲入沸水，加盖子焖10分钟，调入蜂蜜饮用。

泡茶时，一定要注意安全啊！

学习收获

成果展示

留个纪念吧

家长评语（孩子的表现可以打几星呢？）

答案解析 ✓

1.医生在了解现病史的过程中，最重要的一点是什么？ 主诉✓

主诉是患者就诊时，陈述其感受最明显或最痛苦的症状及其持续的时间。主诉通常是患者就诊的主要原因，也是疾病的主要矛盾。准确的主诉可以帮助医生判断疾病的大致类别和病情的轻重缓急，并为调查、认识、分析、处理疾病提供重要线索，具有重要的诊断价值。所以，主诉是医生在了解现病史的过程中最重要的一点。

2.问诊中的“十问歌”始见于哪部著作？ 《景岳全书》✓

“十问歌”始见于明代医学家张景岳的《景岳全书·传忠录·十问篇》：“一问寒热二问汗，三问头身四问便，五问饮食六胸腹，七聋八渴俱当辨，九因脉色察阴阳，十从气味章神见。见定虽然事不难，也须明哲毋招怨。”“十问歌”内容言简意赅，可作为问诊的参考，但在实际问诊中，还须根据患者的具体病情灵活调整，不能千篇一律地机械套问。而且，随着时代的发展，“十问歌”还有着不同的版本。

3. 习惯上切诊多指脉诊，脉诊又被通俗地称为什么？ 号脉✓

“望、闻、问、切”四诊为中医诊断疾病必不可少的方法。切诊是四诊之一，它包括两个部分，即切脉和按诊。切脉又称脉诊，是通过切按患者的脉搏来了解病情，为切诊中最主要的内容，所以习惯上切诊多指脉诊，脉诊又被通俗地称为“号脉”。但实际上，自古以来切诊也包括对病体的肌肤、手足、胸腹及其他部位的触摸按压等内容。所以，在实践中，应将检查内容，如脉象的变化、胸腹是否有痞块、皮肤的肿胀、手足的温凉、疼痛的部位等症状与其他三诊互相参照，从而综合做出正确的诊断。

桔 梗

桔梗为桔梗科植物桔梗的干燥根。春、秋二季采挖，洗净，除去须根，趁鲜剥去外皮或不去外皮，干燥。成品呈圆柱形或略呈纺锤形，下部渐细，部分有分枝，略扭曲，长7～20厘米。表面呈淡黄白色至黄色，不去外皮者表面呈黄棕色至灰棕色，具纵扭皱沟，并有横长的皮孔样斑痕及支根痕，上部有横纹。有的顶端有较短的根茎，其上有数个半月形茎痕。桔梗质脆，断面不平整，形成层环呈棕色，皮部呈黄白色，有裂隙，木部呈淡黄白色。

桔梗性平，味苦、辛，归肺经，具有宣肺、利咽、祛痰、排脓的功效，用于咳嗽痰多、胸闷不畅、咽痛音哑、肺痈吐脓等病症。

平和体质和气虚体质

课程目标

根据中医学理论，可将人的体质情况分为九种：平和体质、气虚体质、阳虚体质、阴虚体质、痰湿体质、湿热体质、血瘀体质、气郁体质、特禀体质。其中，平和体质相对健康，其他八种体质各有其偏颇特点，表现为不同的亚健康状态。体质不同，所需采取的自我保健方法也不一样。了解自己属于什么体质，并及早选取适合自己体质的日常健康调理方式，有助于改善体质，预防疾病。

知识点摘要

平和体质是九种体质中最稳定、健康的体质，反映人体先天禀赋良好，后天调养得当。平和体质是以体态适中、面色红润、精力充沛、脏腑功能状态强健壮实为主要特征的一种中医体质状态。

当人体脏腑功能失调、气的化生不足时，易出现气虚表现，常表现为语声低微、面色苍白、气短懒言、精神不振、体倦乏力等。气虚体质的人通常安静内向、不善言辞。气虚体质的人由于气的力量不足，抵抗力差，遇到天气降温突变，易患感冒，且生病后恢复缓慢。

动手动脑

在正确答案前的圆圈中打钩

1.（多选题）以下哪几种不属于中医划分的九种体质？

○ 酸性体质　○ 碱性体质　○ 过敏体质　○ 平和体质

2.以下哪种体质是健康人群的理想体质？

○ 平和体质　○ 痰湿体质

○ 湿热体质　○ 特禀体质

在正确答案前的圆圈中打钩 ✓

3.人的体质是一生都不变的吗？

○ 是的　　　○ 不是

我是小神农

仔细观察，勾选出老师在本课中讲的药材。

○ 莱菔子

○ 火麻仁

生活应用

做一做 厨房里的小妙招

莱菔子粥

莱菔子粥是用莱菔子(萝卜籽)制作的一道家常菜。莱菔子粥适用于小儿伤食、腹胀，也可用于小儿急慢性气管炎、咳嗽多痰等。

制作方法

原料：

莱菔子10~15克，大米30~100克。

做法：

1.先把莱菔子炒至香熟，然后研成细末。

2.把大米淘洗后，如常法熬粥，待粥将煮成时，每次调入炒莱菔子末5~7克，稍煮即可。

制作时，一定要注意安全啊！

学习收获

成果展示

留个纪念吧

家长评语（孩子的表现可以打几星呢？）

☆☆☆☆☆

答案解析 √

1.以下哪几种不属于中医划分的九种体质？ 酸性体质 √ 碱性体质 √ 过敏体质 √

据中华中医药学会2009年发布的《中医体质分类与判定》，中医体质共分为九种基本类型：平和质、气虚质、阳虚质、阴虚质、痰湿质、湿热质、血瘀质、气郁质、特禀质。每个人的体质具有相对稳定性，更具有动态可变性。这九种体质之间不是截然分开的，它们相互之间会有穿插和间杂，但是每个人都会有最主要的体质类型。体质决定着每个人对疾病的易感性，也决定着得病之后对于治疗的反应和预后转归。

2.以下哪种体质是健康人群的理想体质？ 平和体质 √

平和体质是比较健康的人群总体呈现的一种体质状态特征。这类人群面色红润，头发稠密有光泽，目光炯炯有神，精力充沛有活力，胃口好，睡得好。同时，平和体质的人性格也随和开朗，对外界的适应性较强。这种体质的人因为先天禀赋良好，后天又调养得当，平时很少患病，就算偶尔患病也会很快康复，可以称为人们的理想体质。

3. 人的体质是一生都不变的吗？ 不是 √

人的体质会随着年龄的增长而发生变化，会受饮食习惯、生活方式及生活环境等因素的影响而发生变化，因此体质是动态变化的。

莱菔子

莱菔子，别名萝卜籽，为十字花科植物萝卜的干燥成熟种子。夏季果实成熟时采割植株，晒干，搓出种子，除去杂质，再晒干。莱菔子成品呈类卵圆形或椭圆形，稍扁，长2.5～4毫米，宽2～3毫米，表面呈黄棕色、红棕色或灰棕色，一端有深棕色圆形种脐，一侧有数条纵沟。种皮薄而脆，子叶呈黄白色，有油性。

莱菔子性平，味辛、甘，归肺、脾、胃经，具有消食除胀、降气化痰的功效，用于饮食停滞、脘腹胀痛、大便秘结、积滞泻痢、痰壅喘咳等病症。

阳虚体质和阴虚体质

课程目标

根据中医学理论，可将人的体质情况分为九种：平和体质、气虚体质、阳虚体质、阴虚体质、痰湿体质、湿热体质、血瘀体质、气郁体质、特禀体质。其中，平和体质相对健康，其他八种体质各有其偏颇特点，表现为不同的亚健康状态。体质不同，所需采取的自我保健方法也不一样。了解自己属于什么体质，并及早选取适合自己体质的日常健康调理方式，有助于改善体质，预防疾病。

知识点摘要

有的人在日常生活中经常会出现怕冷、手脚冰凉、出汗多、神疲乏力、皮肤暗沉等情况，认为是因为自己暂时工作太累导致的，其实这都是阳虚体质的常见表现。阳虚体质的人更应该格外注意防寒保暖，养护好身体阳气，避免贪凉。

阴虚体质者的最大特点就是“干”和“热”，经常口渴、燥热，喝了大量水也不解渴，尤其一到秋天，嘴唇易干燥起皮甚至出血。平时容易感到手心脚心发热，面色潮红，心情也易烦躁。阴虚体质最重要的就是要养阴清热，作息上要养成早睡早起的好习惯，避免熬夜伤阴。

动手动脑

在正确答案前的圆圈中打钩

1.(多选题)阳虚体质的人典型特征是什么?

○ 畏寒肢冷 ○ 口干口渴 ○ 手脚冰凉 ○ 倦怠乏力

2.阴虚体质的人最大的特点是什么?

○ 面色苍白 ○ 气息微弱

○ 五心烦热 ○ 畏寒肢冷

在正确答案前的圆圈中打钩 ✓

3.阴虚体质的人由于体内阴液不足,不能滋养脏腑、经络、形体,进而经常会感到口干口渴,因此阴虚体质的人该如何喝水?

○ 少量多次　○ 大口喝水　○ 不渴不喝

我是小神农

仔细观察，勾选出老师在本课中讲的药材。

○ 枸杞子

○ 覆盆子

生活应用

尝一尝 食疗养生学一学

鲜食覆盆子

覆盆子是药食两用的中药材，味甘、酸，性微温，归肝、肾经，具有固精缩尿、益肝肾明目等功效。覆盆子又称“红树莓”，富含多种维生素，具有丰富的营养价值，还被誉为“生命果”。

清洗方法

做法：

1.取覆盆子适量，用清水清洗后取出。

2.再在装有清水的盆里面放些盐，把清洗后的覆盆子放入其中，泡15分钟。

3.然后再用清水冲洗，就可以吃啦！

清洗时，一定要注意安全啊！

家校共育

学习收获

成果展示

留个纪念吧

家长评语（孩子的表现可以打几星呢?）

☆☆☆☆☆

答案解析 √

1.阳虚体质的人典型特征是什么？畏寒肢冷 √ 手脚冰凉 √ 倦怠乏力 √

阳虚体质是人体脏腑功能失调时易出现体内阳气不足、阳虚里寒表现的体质，多表现为面色苍白，气息微弱，体倦嗜卧，畏寒肢冷，全身无力或伴有肢体浮肿，舌淡胖嫩边有齿痕、苔淡白，脉沉而无力。

阳虚体质的人饮食上要多吃些补益和令身体温暖的食物：肉类的羊肉、牛肉、鹿肉、鸽子肉等；鱼类的草鱼、鲫鱼等；菜类的韭菜、芥菜、香菜、南瓜、生姜等；坚果类的核桃、松子、腰果、花生等；水果类的荔枝、龙眼、桃子、大枣、樱桃等。

2.阴虚体质的人最大的特点是什么？ 五心烦热 √

阴虚体质是指人体脏腑功能失调时易出现体内阴液不足、化生虚热表现的体质，常表现为形体消瘦，两颧潮红，手足心热，潮热盗汗，心烦易怒，口干，头发、皮肤干枯，舌干红少苔，甚至光滑无苔。

阴虚体质的人有一个典型特征就是“五心烦热”，指的是两个手心、两个脚心和胸中经常自感发热。生活中有很多这样的人，容易心情烦躁，有的人手中要时常握着冷物，还有人睡觉时经常把双脚放在被子外面，否则就燥热难安，这就是典型的“五心烦热”。

3. 阴虚体质的人由于体内阴液不足，不能滋养脏腑、经络、形体，进而经常会感到口干口渴，因此阴虚体质的人该如何喝水？少量多次 √

对于阴虚内热体质的人，平日应该多喝一些温水，尽量选择少量多次饮用的方法，以补充水分、改善体质。

阴虚体质的人平素适当进食一些滋补阴液以及甘凉滋润的食物，如糯米、藕、黑木耳、银耳、甘蔗、梨、百合、山药、枸杞子、麦冬、鳖肉、海参、阿胶等。平日里，可选用枸杞子、百合、银耳、麦冬、山药煲瘦猪肉、鸭肉、猪肺汤食用。忌食辛辣刺激性、温热香燥、煎炸炒爆的食品，少食过分温热燥热的食物，如辣椒、大蒜、韭菜、花椒、桂皮、干姜、丁香、羊肉等，以免耗伤人体阴液。

覆盆子

覆盆子为蔷薇科植物华东覆盆子的干燥果实。果实呈圆锥形或扁圆锥形，高0.6～1.3厘米，直径0.5～1.2厘米。表面呈黄绿色或淡棕色，顶端钝圆，基部中心凹入。宿萼呈棕褐色，下有果梗痕。小果易剥落，每个小果呈半月形，背面密被灰白色茸毛，两侧有明显的网纹，腹部有突起的棱线。体轻，质硬。

覆盆子性温，味甘、酸，归肝、肾、膀胱经，具有益肾固精缩尿、养肝明目的功效，常用于遗精滑精、遗尿尿频、阳痿早泄、目暗昏花等病症。

湿热体质和痰湿体质

课程目标

根据中医学理论，可将人的体质情况分为九种：平和体质、气虚体质、阳虚体质、阴虚体质、痰湿体质、湿热体质、血瘀体质、气郁体质、特禀体质。其中，平和体质相对健康，其他八种体质各有其偏颇特点，表现为不同的亚健康状态。体质不同，所需采取的自我保健方法也不一样。了解自己属于什么体质，并及早选取适合自己体质的日常健康调理方式，有助于改善体质，预防疾病。

知识点摘要

湿热体质很容易分辨，典型湿热体质的人外表多面垢油光，常有痤疮粉刺，感到口干口苦、眼睛红赤、心烦懈怠、身重困倦。湿热体质的人适合经常运动，让身体大量出汗，加强身体的代谢，饮食上则不适合多吃油腻、辛辣的食物。

痰湿体质也是比较常见的一种体质类型，当人体脏腑功能虚弱，气血津液运化失调，就容易生成痰湿，久之则成为其体质状态。该体质的人常表现为体形肥胖、腹部肥满松软、面部皮肤油脂较多、多汗且黏、胸闷、痰多、贪睡等。痰湿体质的人饮食要清淡，居住环境要以干燥通风为好。

动手动脑

在正确答案前的圆圈中打钩

1.（多选题）湿热体质的人表现出来的突出特点是什么？

○ 油光满面　○ 爱长痘痘　○ 四肢浮肿　○ 面色淡黄

2.（多选题）湿热体质的人日常生活中应该如何调理？

○ 少吃甜食　○ 适量运动

○ 选择环境干燥的地方居住

在正确答案前的圆圈中打钩 ✓

3.（多选题）痰湿体质的人的典型特征是什么？

○ 体形肥胖　　○ 身重痰多

○ 不爱运动　　○ 肉质松软

我是小神农

仔细观察，勾选出老师在本课中讲的药材。

○ 玫瑰花

○ 菊花

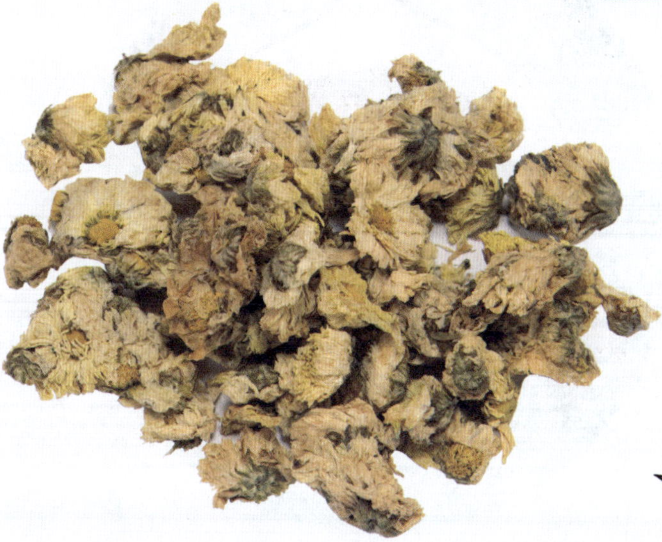

尝一尝　生活应用

食疗养生学一学

玫瑰花茶

食用性玫瑰花有着理气和血、疏肝解郁、润肤养颜等作用，特别对女性痛经、月经不调有较好的疗效。

制作方法

原料：

玫瑰花3~5克。

做法：

将玫瑰花用沸水冲泡5分钟，之后可加糖或蜂蜜饮用。

泡茶时，一定要注意安全啊！

学习收获

成果展示

留个纪念吧

家长评语（孩子的表现可以打几星呢?）

☆☆☆☆☆

答案解析 √

1.湿热体质的人表现出来的突出特点是什么？ 油光满面 √ 爱长痘痘 √

湿热体质是以湿热内蕴为主要特征的体质状态。所谓湿热内蕴是指湿热蕴于中焦脾胃及肝胆，水湿阻滞了气的运行，并与热邪相合，形成湿和热纠缠交困的局面。湿热体质的人突出的特点就是总是油光满面，脸上很容易长痘痘，后背、臀部也会起小疖肿，一个痘痘下去了，其他的痘痘再冒起来，而且他们明明没吃什么苦味的食物，但是口里发干发苦，日常喜欢吃口味重的食物，尤其偏爱吃辣，但吃了辣后更容易上火。

2. 湿热体质的人日常生活中应该如何调理？少吃甜食 √ 适量运动 √ 选择环境干燥的地方居住 √

湿热体质的人需要通过改善生活习惯来调理，要保证充足的睡眠，避免长时间熬夜，选择在天气凉爽的时候多做一些户外运动，少吃或尽量不吃甜食，尽量选择在气候干燥的环境中居住，避免在水边，如海边、湖边居住。

3. 痰湿体质的人的典型特征是什么？体形肥胖 √ 身重痰多 √ 不爱运动 √ 肉质松软 √

痰湿体质是一种亚健康状态，体质形成与遗传、久居湿地、饮食不节、过度安逸、情志失调等因素有关。其主要表现为体形肥胖、腹部肥满松软、身重痰多、不爱运动、汗多且黏、容易犯困等，通常喜欢吃肥腻或过甜的食物。

痰湿体质的人应保持居住及工作环境干燥，合理安排饮食，多摄取能够宣肺、健脾、化湿的食物，如薏苡仁、鲫鱼、白萝卜等，少吃肥腻、寒凉的食物，保持心境平和，适当增加运动量，以调畅气机，改善体质。

玫瑰花

玫瑰花为蔷薇科植物玫瑰的干燥花蕾。4—6月间，当花蕾即将开放时分批采摘，用文火迅速烘干。花以朵大、瓣厚、色紫、鲜艳、香气浓者为佳。干燥花略呈半球形或不规则团状，直径0.7～1.5厘米，花瓣密集，短而圆，色紫红而鲜艳，中央为黄色花蕊，下部有5片绿色花萼，下端有膨大半球形的花托，质轻而脆。

玫瑰花香气浓郁，性温，味甘、微苦，归肝、脾经。玫瑰花具有行气解郁、和血止痛的功效，常用来治疗肝胃气痛、新久风痹、吐血咯血、月经不调、赤白带下、痢疾、乳痈、肿毒等病症。

血瘀体质和气郁体质

课程目标

根据中医学理论，可将人的体质情况分为九种：平和体质、气虚体质、阳虚体质、阴虚体质、痰湿体质、湿热体质、血瘀体质、气郁体质、特禀体质。其中，平和体质相对健康，其他八种体质各有其偏颇特点，表现为不同的亚健康状态。体质不同，所需采取的自我保健方法也不一样。了解自己属于什么体质，并及早选取适合自己体质的日常健康调理方式，有助于改善体质，预防疾病。

知识点摘要

血瘀体质是指体内血的运行不畅或内出血不能消散而成瘀血内阻的体质，常表现为面色晦暗、皮肤粗糙、色素沉着或有紫斑、口唇黯淡等。这样的体质多因情志不畅或长久寒冷侵袭、年老体虚等所致。血瘀体质的人容易出现各种突出表现为疼痛的病症。

气郁体质是由于长期情志不畅、气机郁滞而形成的以情绪不稳定、忧郁脆弱、敏感多疑为主要表现的体质状态。处于这种体质状态的人，多见于中青年，以女性多见，性格多孤僻内向，多愁善感，容易出现失眠、惊恐、抑郁等症状。

动手动脑

在正确答案前的圆圈中打钩

1.（多选题）血瘀体质的人有哪些明显的特征？

○ 口唇黯淡　　○ 舌下血管青紫　　○ 喜爱运动

2.中国古代小说人物中气郁体质的典型代表是谁？

○ 林黛玉　　○ 林冲　　○ 鲁智深

在正确答案前的圆圈中打钩 ✓

3.（多选题）气郁体质的人在情绪上的典型特征是什么？

○ 抑郁不畅　○ 忧虑脆弱　○ 敏感多疑

我是小神农

仔细观察，勾选出老师在本课中讲的药材。

芦 荟

乌 梅

乌梅茶

乌梅深受人们的喜爱，它不仅是一种常见的水果，也是一种中药材，具有很好的防病治病作用。中医认为，乌梅主下气，在出现四肢疼痛、烦躁以及青黑痣的情况时，用乌梅泡水喝能起到非常不错的效果。

制作方法

原料：

乌梅3颗，蜂蜜2汤匙。

做法：

1.先用冷水冲洗一下乌梅，然后放入茶壶中。

2.在茶壶中冲入开水，加盖子焖5分钟。待水温降至50°C以下，调入蜂蜜搅拌均匀即可。

泡茶时，一定要注意安全啊！

学习收获

成果展示

留个纪念吧

家长评语（孩子的表现可以打几星呢?）

☆☆☆☆☆

答案解析 √

1.血瘀体质的人有哪些明显的特征？口唇黯淡√ 舌下血管青紫√

血瘀体质是指当人体脏腑功能失调时，易出现体内气血运行不畅或内出血不能及时消散而成瘀血内阻的体质特点，常表现为面色晦暗、皮肤粗糙呈褐色、色素沉着或有紫斑、口唇黯淡、舌质青紫或有瘀点、脉细涩等，多因情志不畅、寒冷侵袭、年老体虚、久病未愈等原因而发病。血瘀体质的人宜多吃补气补血、活血行气的食物，以促进身体血液循环，比如桂皮、黑木耳、竹笋、玫瑰花、山楂等。

2. 中国古代小说人物中气郁体质的典型代表是谁？林黛玉√

中医认为，气要顺畅、条达。气郁体质的人因为不能及时发泄心中郁闷导致气机不畅，难以释怀，因而经常表现出愁眉苦脸、郁闷，甚至唉声叹气。这是由于气机疏泄不及，不能够条达，只能通过叹气，来让气得到暂时的舒展。

气郁体质的人经常会感到心情憋闷、情绪低落、焦虑不安、精神紧张等。气郁体质的人平时可以多吃一些有理气解郁功效的食物，比如柑橘、白萝卜、洋葱、丝瓜等。紫苏、薄荷、玫瑰花茶、桂花茶等也具有理气解郁的功效。

3. 气郁体质的人在情绪上的典型特征是什么？抑郁不畅 √ 忧虑脆弱 √ 敏感多疑 √

气郁体质是由于长期情志不畅、气机郁滞而形成的以性格内向不稳定、忧郁脆弱、敏感多疑为主要表现的体质状态。气郁体质的人平时应注意培养面对挫折的豁达心态和积极向上的阳光心态，凡事不能闷在心里，多和别人谈心、表达自己的感受和想法，多做积极的自我暗示。

乌 梅

乌梅为蔷薇科植物梅的干燥近成熟果实。成品呈类球形或扁球形，直径1.5～3厘米，表面呈乌黑色或棕黑色，皱缩不平，基部有圆形果梗痕。果核坚硬，呈椭圆形，棕黄色，表面有凹点；种子呈扁卵形，淡黄色，味极酸。

乌梅性平，味酸、涩，归肝、脾、肺、大肠经，具有敛肺、涩肠、生津、安蛔的功效，常用于肺虚久咳、久泻久痢、虚热消渴、蛔厥呕吐腹痛等病症。

特禀体质和阴阳平衡

课程目标

根据中医学理论，可将人的体质情况分为九种：平和体质、气虚体质、阳虚体质、阴虚体质、痰湿体质、湿热体质、血瘀体质、气郁体质、特禀体质。其中，平和体质相对健康，其他八种体质各有其偏颇特点，表现为不同的亚健康状态。体质不同，所需采取的自我保健方法也不一样。了解自己属于什么体质，并及早选取适合自己体质的日常健康调理方式，有助于改善体质，预防疾病。

知识点摘要

特禀体质者对很多外界刺激特别敏感，特别是在身体虚弱时。例如春秋季接触到花粉或刺激性气味常常会过敏；在新装修好的房子里站一会儿，皮肤就会起点状或块状的红包；进出空调房，都会连打好几个喷嚏，等等。这类体质者易患过敏性鼻炎、荨麻疹等病症。

任何事物均可以用阴阳来划分，我们把对于人体具有推进、温煦、兴奋等作用的物质和功能统归于阳，对于人体具有凝聚、滋润、抑制等作用的物质和功能统归于阴。阴阳是相互关联的两种事物或是一个事物的两个方面，人只有阴阳平衡协调才能保持健康的状态。

动手动脑

在正确答案前的圆圈中打钩 ✓

1.特禀体质的人有多种表现，其中最重要一种表现为容易过敏。你知道应对过敏最简单的一种方法是什么吗？

○ 补充营养　○ 加强锻炼　○ 远离过敏原　○ 大吃大喝

2.过敏反应从体质的角度来说可以调理吗？

○ 可以调理　○ 无法调理

在正确答案前的圆圈中打钩

3.阴阳学说在解释身体健康的时候，提到了一个重要的原则，你知道是什么吗？

- ○ 以平为期
- ○ 对立统一
- ○ 阴盛阳衰
- ○ 一分为二

我是小神农

仔细观察，勾选出老师在本课中讲的药材。

○ 桑 椹

○ 覆盆子

生活应用

尝一尝 食疗养生学一学

桑椹枸杞茶

桑椹中含有多种氨基酸、胡萝卜素、维生素等营养物质，直接食用可以增强人体的免疫功能，同时还能促进新陈代谢，对于补肾有较好的效果。

制作方法

原料：

枸杞子20颗，桑椹5颗。

做法：

1.将枸杞子和桑椹用清水冲洗后，放入茶杯中。

2.在茶杯中冲入开水，加盖子焖5分钟即可。

泡茶时，一定要注意安全啊！

家校共育

学习收获

____

____

成果展示

留个纪念吧

家长评语（孩子的表现可以打几星呢?）

☆ ☆ ☆ ☆ ☆

答案解析 √

1.特禀体质的人有多种表现，其中最重要一种表现为容易过敏。你知道应对过敏最简单的一种方法是什么吗？ 远离过敏原 √

造成“过敏”的原因是复杂而多样的，有些是因为遗传的因素，有些则是后天的原因，比如环境污染、化学品滥用及辐射问题等。

避免过敏最简单的方法就是远离过敏原。例如：对食物过敏的人要避免吃容易引发过敏的食物，严格忌口；对花粉过敏的人尽量避免在花粉密集的时节外出；对螨虫过敏的人，床上用品和容易滋生尘螨的地毯等物品，至少每两周清洗一次，并且要让这些物品经常在太阳下暴晒，以杀灭螨虫。

2. 过敏反应从体质的角度来说可以调理吗？可以调理 √

特禀体质者，饮食应清淡均衡，粗细搭配得当，荤素配伍合理，可适当多食益气固表的食物，如核桃、无花果、松子、山药、糯米、大枣、菠菜等，少食蚕豆、白扁豆、牛肉、鹅肉、鲤鱼、虾蟹、酒、辣椒、花椒等食品，同时避免食用各种含易致敏物质的食物。因此特秉体质的人可以通过饮食、运动等调理方式改善过敏反应。

3. 阴阳学说在解释身体健康的时候，提到了一个重要的原则，你知道是什么吗？ 以平为期 √

中医学认为，人体各脏腑组织之间以及人体与外环境之间，若能维持相对的动态平衡，即可使各种生理活动正常进行，从而保证人体处于健康状态；反之，就会发生疾病。所以治病，就是协调平衡关系。《素问·至真要大论》说：“谨察阴阳所在而调之，以平为期。”这句话的本意是，诊病之时，医者应该认真细致地审察阴阳病变的所在，加以调整，以达到阴阳平衡的目的。其实无论是诊治疾病，还是养生保健，中医学都是在追求阴阳平衡，所以才说“阴平阳秘，精神乃治”。

桑 椹

桑椹为桑科植物桑的干燥果穗。4—6月果实变红时采收，晒干，或略蒸后晒干。桑椹果实为聚花果，由多数小瘦果集合而成，呈长圆形，长1～2厘米，呈黄棕色、棕红色或暗紫色，有短果序梗。

桑椹性寒，味甘、酸，归心、肝、肾经，具有补血滋阴、生津润燥的功效，常用于眩晕耳鸣、心悸失眠、须发早白、津伤口渴、内热消渴、血虚便秘等病症。

体质与饮食运动

课程目标

了解体质的形成与哪些因素有关，以及不同体质的人应如何锻炼。

知识点摘要

体质的形成是机体内外环境多种复杂因素共同作用的结果，主要与先天因素和后天因素两个方面有关。肾为先天之本，脾为后天之本，故“先天之本”与“后天之本”的关系实为肾与脾的关系。脾与肾功能相互促进，病理上相互影响，互为因果。

不同体质的人，作息和运动也有不同的特点，例如阳虚体质的人，本身怕冷，就不喜欢户外运动；气虚体质的人，不喜欢活动量大的运动；阳气充足、内有蕴热的人，适合做强度较大、运动量较大的体育项目，如对抗性较强的球类比赛、游泳、爬山、长跑等，大运动量、高强度的训练可以消耗体内过多热量和脂肪，帮助湿热之邪排出体外。

动手动脑

连线

1.把下列不同体质和适宜食用的食物用线连起来。

绿豆 ○

○ 山药

阳虚体质 ○　　○ 阴虚体质

痰湿体质 ○　　○ 特禀体质

牛肉 ○

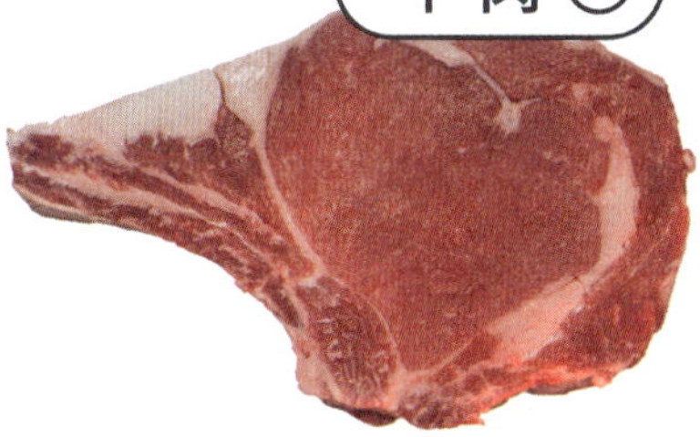

○ 冬瓜

在正确答案前的圆圈中打钩

2.哪种体质的人在起居方面要特别注意保暖？

○ 平和体质　　○ 特禀体质

○ 阳虚体质　　○ 湿热体质

在正确答案前的圆圈中打钩 ✓

3.（多选题）气虚体质的人适合下列哪些运动？

○ 篮球　○ 太极拳　○ 散步　○ 足球

我是小神农

仔细观察，勾选出老师在本课中讲的药材。

○ 火麻仁

○ 远 志

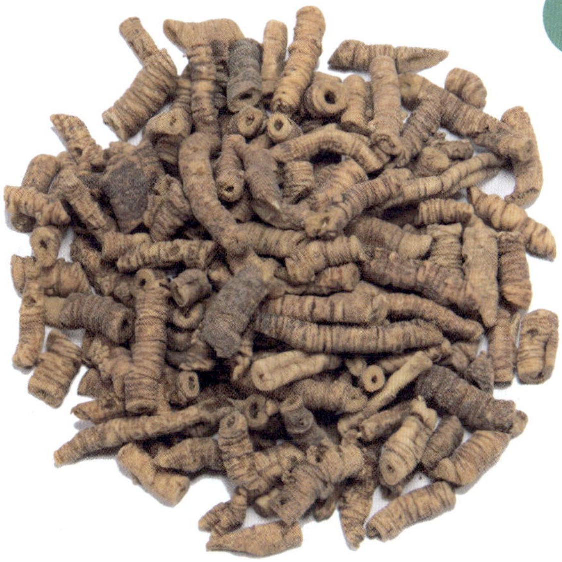

做一做 生活应用

厨房里的小妙招

火麻仁粥

火麻仁是桑科植物大麻的干燥成熟果实，也是一种比较常见的中药材，它具有非常好的润肠通便的作用，可以治疗肠胃疾病，如便秘、肠胃不适等。火麻仁粥具有非常好的保健养生的功效。

制作方法

原料：

火麻仁15克，大米100克。

做法：

1.将火麻仁清洗干净，然后研磨成粉。

2.把火麻仁粉和大米一起放入锅内，加饮用水熬成粥食用。

制作时，一定要注意安全啊！

家校共育

学习收获

成果展示

留个纪念吧

家长评语（孩子的表现可以打几星呢?）

☆☆☆☆☆

答案解析 √

1.连线

阳虚体质	山药
痰湿体质	绿豆
阴虚体质	牛肉
特禀体质	冬瓜

（连线：阳虚体质—牛肉；痰湿体质—冬瓜；阴虚体质—绿豆；特禀体质—山药）

科学的饮食习惯、合理的膳食结构、全面而充足的营养可增强人的身体素质，也可以有效调整某些偏颇体质。以下是常见体质的饮食调养方法：

(1) 平和质：饮食要有节制，不要常吃过冷、过热或不干净的食物，粗细粮食要合理搭配。

(2) 阳虚质：平时可多食牛肉、羊肉等温阳之品，少食梨、西瓜、荸荠等生冷、寒凉食物。

(3) 阴虚质：多食瘦猪肉、鸭肉、绿豆、冬瓜等甘凉滋润之品，少食羊肉、韭菜、辣椒、葵花子等性温燥烈之品。

(4) 气虚质：多食用具有益气健脾作用的食物，如黄豆、白扁豆、鸡肉等，少食空心菜、生萝卜等。

(5) 痰湿质：饮食应以清淡为主，可多食冬瓜等。

(6) 湿热质：饮食以清淡为主，可多食赤小豆、绿豆、芹菜、黄瓜、藕等甘寒的食物。

(7) 血瘀质：多食山楂、醋、玫瑰花等，少食肥肉等滋腻之品。

(8) 气郁质：多食黄花菜、海带、山楂、玫瑰花等具有行气、解郁、消食、醒神作用的食物。

(9) 特禀质：多食益气固表的食物，比如山药、糯米、大枣等，少食鲤鱼、虾蟹、酒、辣椒等刺激或辛辣的食物，同时避免食用含易致敏物质的食物。

2. 哪种体质的人在起居方面要特别注意保暖？ 阳虚体质 √

中医认为，阳虚体质是一种阳气不足的表现，这类人大多存在手脚冰凉、畏寒怕冷以及四肢无力等症状，所以，阳虚体质的人在起居方面要特别注意保暖，具体如下：

（1）日常起居注意保暖，背、腹、腰、脚和腿是保暖的重点，最好能够每晚热水泡脚、搓腰。

（2）要远离空调，尤其在出汗的时候更不能用空调、电扇直接吹凉风。

（3）拒绝熬夜，子夜是养阳的最佳时机。

3. 气虚体质的人适合下列哪些运动？ 太极拳 √ 散步 √

气虚体质易出现肌肉松软、倦怠乏力、不喜运动、抵抗力弱的情况，因此，生活调摄方面要做到起居有规律，谨避风寒之邪。此外，由于“劳则气耗”，所以气虚体质的人运动锻炼宜采用低强度、多次数的方式，不适合激烈、长时间的运动，以免耗伤正气。运动方式以柔和运动，如散步、打太极拳等为主；平时可按摩或艾灸足三里穴（位于小腿前外侧，外膝眼下3寸，距胫骨前沿一横指处），能健脾益气，强身健体。

火麻仁

火麻仁为桑科植物大麻的干燥成熟果实，秋季果实成熟时采收，除去杂质，晒干。成品呈卵圆形，长4～5.5毫米，直径2.5～4毫米，表面呈灰绿色或灰黄色，有微细的白色或棕色网纹，两边有棱，顶端略尖，基部有圆形果梗痕。果皮薄而脆，易破碎。种皮呈绿色，子叶呈乳白色，富油性。

火麻仁性平，味甘，归脾、胃、大肠经，具有润肠通便的功效，常用于血虚津亏、肠燥便秘等病症。

情绪与健康(一)

课程目标

生活中除了吃、穿、住、用、行与健康密切相关以外,还有一个方面容易被大家忽视,就是情绪。中医中的“七情”,即喜、怒、忧、思、悲、恐、惊七种情绪,分别对应着不同的脏腑。如果某种情绪过于激烈或持续时间过长,就会影响对应的脏腑气血功能,从而引发相关疾病。本节课程学习喜与心的关系和怒与肝的关系。

知识点摘要

心的生理功能和情志活动中的“喜”有关。适当的喜乐,能使气血调和,营卫通利,心情舒畅,有益于心的生理活动。《素问·举痛论》说“喜则气和志达,营卫通利”,但过度的喜乐,则可损伤心神,所以说“喜伤心”。若狂喜极乐,会使心气弛缓,精神涣散,从而产生喜笑不休、心悸、失眠等症。

中医学认为,肝为将军之官,性喜顺畅豁达,如果长期郁愤,怒而不发,会导致肝气郁结,引起生理功能紊乱;如果肝的功能亢进,则又会疏泄太过,上逆犯脾,或横逆犯胃,遇到突发愤怒情绪严重者甚至出现昏厥。因此,养肝就要调节情绪,少生气,找到合适的调节愤怒情绪的方式,保持开朗乐观。

动手动脑

在正确答案前的圆圈中打钩

1.在《范进中举》的故事中，胡屠夫一巴掌打醒范进的事实证明，下列哪种情绪可以应对过喜的情绪？

○ 恐惧　○ 悲伤　○ 思念　○ 愤怒

2.“喜”这种情绪与哪个脏腑联系最紧密？

○ 肝　○ 脾

○ 肺　○ 心

在正确答案前的圆圈中打钩 ✓

3.“怒”这种情绪与哪个脏腑密切相关？

○ 肝　○ 脾　○ 肺　○ 心

我是小神农

仔细观察，勾选出老师在本课中讲的药材。

○ 肉豆蔻

○ 肉苁蓉

做一做　生活应用

厨房里的小妙招

肉豆蔻莲子粥

肉豆蔻是一味药食同源的中药材，有着温胃健脾、止呕行气的功效，适用于食欲不振、脾胃虚寒、胃寒呕吐、虚寒性胃痛等，但不适宜服用过多。下面教大家做肉豆蔻莲子粥。

制作方法

原料：

莲子60克，肉豆蔻5克，大米100克，盐少许。

做法：

1.将莲子略微清洗，用开水烫过。

2.将大米放入锅内，加水，将莲子、肉豆蔻放进米锅内，用小火煮成粥，加入盐调味即可。

制作时，一定要注意安全啊！

家校共育

学习收获

____

____

成果展示

留个纪念吧

家长评语（孩子的表现可以打几星呢?）

☆☆☆☆☆

答案解析 √

1.在《范进中举》的故事中，胡屠夫一巴掌打醒范进的事实证明，下列哪种情绪可以应对过喜的情绪？ 恐惧 √

情绪主要包括喜、怒、忧、思、悲、恐、惊七大类，它们分属五脏，为五脏所主。情绪过度持久或情志变化剧烈，不仅会影响人的气血正常运行，导致气血功能紊乱，还会损伤相应脏腑，如过喜伤心、过怒伤肝、过悲（忧）伤肺、过思伤脾、过恐（惊）伤肾。

根据五行生克规律和五行与五脏以及七情的对应关系，水克火，故可以利用恐惧情绪来克制过度喜悦的情绪。也就是说，恐惧带来的收敛可以帮助聚拢过喜而涣散的心气。

2. “喜”这种情绪与哪个脏腑联系最紧密？ 心 √

中医认为“喜伤心”，喜乐过极则损伤心神，心藏神，主导着我们的情志思维活动。正常的喜乐，使人精神愉快，心情舒畅，但若狂喜极乐，会使心气弛缓，精神涣散，而产生喜笑不休、心悸、失眠等症。特别是一些心脏功能本身就不好的人，过度兴奋会诱发心绞痛或心肌梗死。因此，喜乐也应适度，过度易伤身。

3. “怒”这种情绪与哪个脏腑密切相关？ 肝 √

中医认为“怒伤肝”，肝为将军之官，性喜顺畅豁达。如果长期郁愤，可以导致肝气郁结，引起生理功能紊乱。现代医学研究表明，愤怒的情绪会使人短时间内呼吸急促，血液内红细胞数剧增，血液比正常情况下更容易凝结成块。这样不仅会损伤心血管系统，也会影响肝的健康。调查结果表明，易怒的人患冠心病的可能性比一般人高6倍，患肝脏疾病的可能性比一般人高8倍。因此，肝病患者更应该保持心胸开阔、积极乐观，这样才能达到预防和控制疾病的目的。

肉豆蔻

肉豆蔻为肉豆蔻科植物肉豆蔻的干燥种仁。成品呈卵圆形或椭圆形，长2～3厘米，直径1.5～2.5厘米，表面呈灰棕色或灰黄色，有时外被白粉（石灰粉末），全体有浅色纵行沟纹和不规则网状沟纹。种脐呈浅色圆形突起，种脊呈纵沟状，连接两端。肉豆蔻质坚，断面显棕黄色相杂的大理石状花纹。

肉豆蔻性温，味辛，归脾、胃、大肠经，具有温中行气、涩肠止泻的功效，常用于脾胃虚寒、久泻不止、脘腹胀痛、食少呕吐等病症。

情绪与健康（二）

课程目标

生活中除了吃、穿、住、用、行与健康密切相关以外，还有一个方面容易被大家忽视，就是情绪。中医中的“七情”，即喜、怒、忧、思、悲、恐、惊七种情绪，分别对应着不同的脏腑。如果某种情绪过于激烈或持续时间过长，就会影响对应的脏腑气血功能，从而引发相关疾病。本节课程学习思与脾的关系、悲与肺的关系、恐与肾的关系。

知识点摘要

《黄帝内经》中提到“思伤脾”，思虑过度，会损伤脾胃功能。脾最主要的功能是“主运化”，也就是促进摄入的一切营养物质的吸收循环，所以思虑过重容易出现嗳气、恶心、呕吐、腹胀、腹泻等消化道疾病所表现出的一系列症状。中医学认为“悲忧为肺志”，悲伤这种情绪变化和肺的关系是很密切的，所以悲伤的情绪过度，首先伤肺，就会影响气的运行，出现胸闷、咳嗽等症状。肾在志为恐，肾是人的先天之本，惊恐过度会耗伤肾气，突然的惊吓会使得肾气下陷、二便失禁、遗精滑泄，严重的惊恐甚至会导致人的死亡。

动手动脑

在正确答案前的圆圈中打钩 ✓

1.“思”这种情绪与哪个脏腑密切相关？

○ 肝　　○ 脾

○ 肺　　○ 心

2.“悲伤”这种情绪过度会对哪个脏腑造成影响？

○ 肝　　○ 脾

○ 肺　　○ 心

在正确答案前的圆圈中打钩 ✓

3. “恐惧”这种情绪过度会对哪个脏腑造成影响？

○ 肝　　○ 脾

○ 肺　　○ 肾

我是小神农

仔细观察，勾选出老师在本课中讲的药材。

佛手

陈皮

做一做 生活应用

厨房里的小妙招

佛手砂仁粥

《滇南本草》中描述佛手：补肝暖胃，止呕吐,和中行气。我们来做一道佛手砂仁粥吧。

制作方法

原料：

佛手15克，砂仁6克，粳米100克。

做法：

1.将佛手、砂仁略微清洗，加水煎煮，去渣取汁。

2.将粳米放入汁水中，用小火煮至粥状即可。

制作时，一定要注意安全啊！

家校共育

学习收获

成果展示

留个纪念吧

家长评语（孩子的表现可以打几星呢?）

☆☆☆☆☆

答案解析 √

1.“思”这种情绪与哪个脏腑密切相关？ 脾 √

中医认为“思伤脾”，人思虑太重，甚至达到妄想的程度，就会导致脾气郁结，时间长了会导致人的气血循环障碍与脏腑功能失调，通常表现为胃肠功能的紊乱、消化不良、食欲不振，以及胸闷、腹胀、大便不成形等一系列症状。思伤脾在临床很常见，比如失恋、精神压力过大、工作任务重等都会导致“思伤脾”。调理主要是以行气健脾为主，健脾丸、归脾丸、逍遥丸等方剂和相关的成药都是健脾理气的，这些中药在医生的辨证指导下，合理地进行应用，都会取得不错的效果。

2.“悲伤”这种情绪过度会对哪个脏腑造成影响？ 肺 √

中医学认为“悲忧为肺志”，这种情志变化和肺的关系是很密切的。《灵枢·本神》说：“忧愁者，气闭塞而不行。”当肺被“悲”的情绪所伤，就会出现呼吸之气与全身之气两个方面的变化。例如，当一个人因悲伤而哭泣不停，这个人的呼吸往往会加快；我们常说一个小孩子哭得“上气不接下气”，也就是摄气的过程受到了影响；我们还常见到，有时一个人悲伤过度瘫倒在地，全身软得像面条一般，旁边人拉都拉不起来，这就是全身之气都因为肺气损伤而虚损。

3.“恐惧”这种情绪过度会对哪个脏腑造成影响？ 肾 √

《素问·五运行大论》中说：“其志为恐，恐伤肾。”“恐”是自主产生的对事物害怕的情绪；“惊”则是被动遇到的事物突发的变化而导致精神上的强烈刺激，如突临危难、突然打雷等，都可产生惊吓。惊恐情绪强烈的情况下可出现耳聋、头晕目眩、阳痿，甚至导致人的死亡，所以老百姓常说“吓死人了”。与惊恐对应的脏腑是肾。肾藏精，主生殖，古代医家称肾为“先天之本”，所以突然受惊吓和害怕而当场目瞪口呆、手足无措的人，往往因气机下陷，影响肾的功能而出现大小便失禁、失眠多梦、腰膝酸软等症状。

佛手

佛手为芸香科植物佛手的干燥果实。秋季果实尚未变黄或变黄时采收，纵切成薄片，晒干或低温干燥。佛手成品为类椭圆形或卵圆形的薄片，常皱缩或卷曲，长6～10厘米，宽3～7厘米，顶端稍宽，常有3～5个手指状的裂瓣，基部略窄，有的可见果梗痕。外皮呈黄绿色或橙黄色，有皱纹和油点。果肉呈浅黄白色或浅黄色，散有凹凸不平的线状或点状维管束。佛手质硬而脆，受潮后柔韧。

佛手性温，味辛、苦、酸，归肝、脾、胃、肺经，具有疏肝理气、和胃止痛、燥湿化痰的功效，用于肝胃气滞、胸胁胀痛、胃脘痞满、食少呕吐、咳嗽痰多等病症。

神奇的耳医学

课程目标

耳朵的形态、色泽和纹路的变化都能反映人体的健康状况。本节学习耳朵与人体的全息对应以及耳穴的分布。

知识点摘要

中医认为“肾开窍于耳”,《黄帝内经》中有“视耳好恶,以知其性”的记载,并认为耳与经脉有着十分密切的联系,十二经脉都直接或间接地与耳朵有关,所以有“耳者,宗脉之所聚也”的说法。耳朵不仅反映着其相应脏腑——肾的情况,还对应着全身各处的健康状况。

耳穴分布规律:与面颊相应的穴位在耳垂,与上肢相应的穴位在耳周,与躯干相应的穴位在对耳轮体部,与下肢相应的穴位在对耳轮上、下脚,与腹腔相应的穴位在耳甲艇,与胸腔相应的穴位在耳甲腔,与消化道相应的穴位在耳轮脚周围。

动手动脑

在正确答案前的圆圈中打钩 ✓

1.你知道耳朵对应哪个脏腑吗？

○ 肝　　○ 脾

○ 肺　　○ 肾

2.小明喜欢听音乐，一回家就戴上耳机听音乐，看书、写作业也都一直戴着，你觉得他的做法正确吗？

○ 正确　　○ 不正确

连线

3. 把耳朵部位的名称与对应的部位用线连起来。

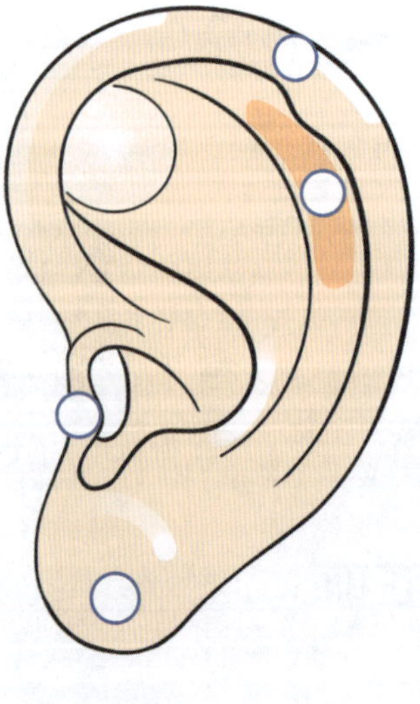

耳轮

耳屏

耳舟

耳垂

我是小神农

仔细观察，勾选出老师在本课中讲的药材。

莲 子

苦杏仁

做一做　生活应用

厨房里的小妙招

杏仁冰糖粥

苦杏仁有祛痰平喘、止咳润肠、抗癌等功效，适用于外感咳嗽、气喘、喉痹、肠燥便秘等病症，尤其适合阴虚火热、大便不通的情况。下面来学做一道杏仁冰糖粥吧。

制作方法

原料：

苦杏仁6枚，粳米100克，冰糖适量。

做法：

1.苦杏仁放在沸水中煮，微皱即捞出，浸在凉水中，去皮去尖。

2.将苦杏仁和粳米放入锅中，先用大火煮开，再用微火煮成粥，加入冰糖，即可食用。

制作时，一定要注意安全啊！

家校共育

学习收获

____

____

成果展示

留个纪念吧

家长评语（孩子的表现可以打几星呢？）

☆☆☆☆☆

答案解析 ✓

1.你知道耳朵对应哪个脏腑吗？ 肾 ✓

中医认为，“肾开窍于耳”“肾主耳”“肾气通于耳”，人们在现代医学研究中也逐渐发现，肾与耳这两个相距很远的器官，它们在解剖结构和酶的含量与分布方面、在水和电解质平衡生理机制以及对某些药物的药理反应上均有相似之处，在临床上也往往得到验证，比如抑制肾功能的利尿剂可以致耳聋，肾衰、肾透析、肾移植病人出现听力下降，先天性肾功能障碍常伴先天性耳聋等。故而中医常用滋补肝肾法治疗耳聋与内耳眩晕症，并且都会取得较好疗效。

2.小明喜欢听音乐，一回家就戴上耳机听音乐，看书、写作业也都一直戴着，你觉得他的做法正确吗？ 不正确 ✓

长期戴耳机有如下危害：第一，长时间戴耳机听音乐，有可能会导致听力的损害，甚至会造成永久性耳聋。如果听音乐的时候，音量达到60分贝以上，持续时间超过60分钟，就有可能造成内耳听觉细胞的损害，从而诱发不可逆的听力下降。第二，经常长时间佩戴耳机，有可能会使耳机压迫耳郭、外耳道，导致耳郭或外耳道软骨的皮肤破损，从而导致外耳的感染。第三，长期戴耳机可能导致耳垢在耳塞插入耳道的同时被推进中耳，进而造成耳鸣，减弱听觉，造成疼痛或细菌感染。所以建议不要长期佩戴耳机，并注意播放的音量要适中。

3. 连线

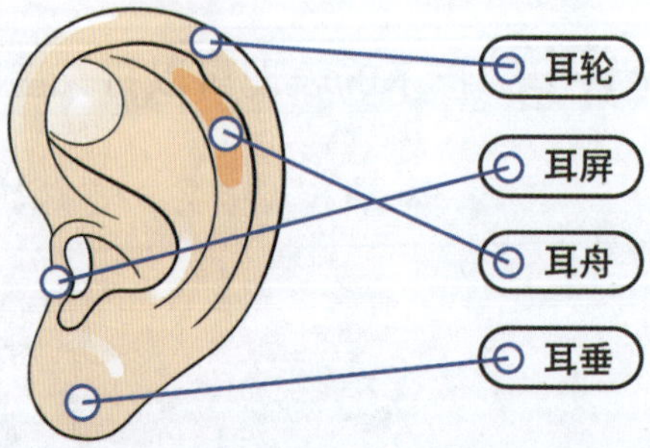

人体的耳朵结构分为外耳、中耳和内耳三部分。我们平时看到的这部分是外耳，包括耳郭以及部分外耳道，主要负责收集声波和声音定位。我们看到的耳郭又分为耳垂、耳轮、耳舟、耳屏、耳甲艇、耳甲腔等部分。耳垂指耳郭下部无软骨的部分；耳轮指耳郭外侧边缘的卷曲部分；耳舟是耳轮内侧舟状凹沟；耳屏指耳郭前方呈瓣状的隆起；耳朵中间较大一块的凹陷，则由中间凸起的耳轮脚，以及耳轮脚以上的耳甲艇和以下的耳甲腔构成。

苦杏仁

苦杏仁为蔷薇科植物杏或山杏等的干燥成熟种子。夏季果实成熟时采摘，除去果肉及核壳，取种仁，晾干。苦杏仁成品呈心形略扁，长1～1.9厘米，宽约1厘米，顶端渐尖，基部钝圆，左右不对称。种皮呈红棕色或暗棕色，自基部向上端散出褐色条纹，表面有细微纵皱；种皮薄，内有乳白色子叶两片，富油质，胚根位于其尖端，味苦。

苦杏仁性微温，味苦，归肺、大肠经，有一定的毒性，具有祛痰止咳、平喘、润肠的功效，主治外感咳嗽、喘满、喉痹、肠燥便秘等。

需要特别说明的是，苦杏仁的毒性在外皮和尖部位，经过处理以后才能食用。

生活中常见的杏仁有两种：一般常吃的是南杏仁（甜杏仁），它是甘甜的，没有毒素，可以直接食用；另一种是北杏仁（苦杏仁），它的外皮和尖处有毒素，经过处理之后可以入药。杏仁一定不要过量食用，否则对人的身体有害。

耳穴疗法

课程目标

学习耳豆的使用方法、耳朵上的常用穴位及其调理身体功能的相关知识。

知识点摘要

埋耳豆是应用耳穴的一种调理治疗方法。王不留行是一种药用的植物种子，我们用裁成小方形的医用胶布，将王不留行固定在耳穴上，通过对耳穴的持续刺激作用，从而达到防病治病的目的。在耳垂的正中间，是耳穴“眼”，用耳豆贴在该穴位上，可以有效缓解视疲劳、帮助调节近视等视力相关的病症。在耳郭的前上部、耳轮的软骨向下延伸到耳郭口的部位称为耳轮脚。在耳轮脚末端有个穴位叫“胃”，经常按揉该穴位有助于加强消化功能。

动手动脑

在正确答案前的圆圈中打钩 ✓

1.耳朵上有一个穴位可以治疗近视，你知道这个穴位叫什么吗？

○ 神门　　○ 心　　○ 眼

2.你知道耳朵上与消化功能有关的部位叫什么名字吗？

○ 耳郭　　○ 耳垂　　○ 耳轮脚　　○ 耳尖

涂一涂

3. 请你用彩笔在下图中标出可以治疗近视的穴位。

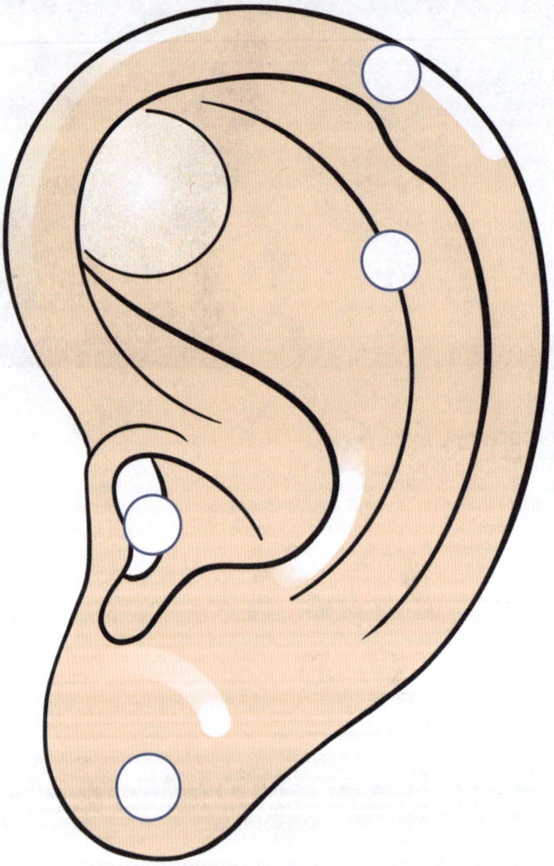

我是小神农

仔细观察，勾选出老师在本课中讲的药材。

○ 白茅根

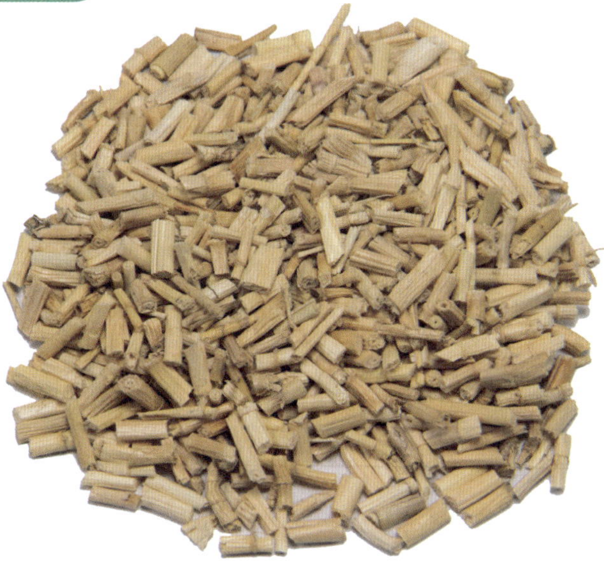

○ 芦 根

食疗养生学一学

茅根荸荠茶

中药白茅根为禾本科植物白茅的干燥根茎，味道甘甜，生嚼白茅根会有清甜的味道。白茅根因为有着味道甘甜这一特点，常被人们拿来煲汤泡茶，会给汤茶增加一丝丝清甜的味道。

制作方法

原料：

荸荠50克，白茅根50克，白糖适量。

做法：

1.将荸荠洗净切碎，取鲜白茅根，一同放入500毫升开水中，煮20分钟。

2.煮好后去渣，加适量白糖即可饮用。

泡茶时，一定要注意安全啊！

家校共育

学习收获

成果展示

留个纪念吧

家长评语（孩子的表现可以打几星呢？）

☆☆☆☆☆

答案解析 √

1.耳朵上有一个穴位可以治疗近视，你知道这个穴位叫什么吗？ 眼 √

中医认为，人的耳朵形状就像一个倒置的胎儿，身体上的各部位在耳朵上都有相对应的区域。耳穴就是分布于耳郭上的反应点、刺激点，当人的脏腑或肢体出现问题时，往往会在耳郭的一定部位出现局部反应，如压痛、结节、变色等，这一现象可以作为诊断疾病的参考。各脏腑组织在耳郭均有相应的反应点，刺激耳穴就会对相应的脏腑有一定的调治作用。耳垂上的“眼”穴，就与眼睛有密切的关系，对假性近视、青少年屈光不正（近视、远视）、弱视、视疲劳等都有一定的辅助治疗作用。

2. 你知道耳朵上与消化功能有关的部位叫什么名字吗？耳轮脚 √

在耳郭的前上部、耳轮的软骨向下延伸到耳郭口的部位称为耳轮脚。耳轮脚周围的穴位分布在耳甲腔和耳甲艇内，它是消化功能的对应区，依次分布着口、食道、贲门、胃、十二指肠、小肠、阑尾、大肠八个穴位，这些穴位的作用都与消化功能密切相关。

3.请你用彩笔在下图中标出可以治疗近视的穴位。

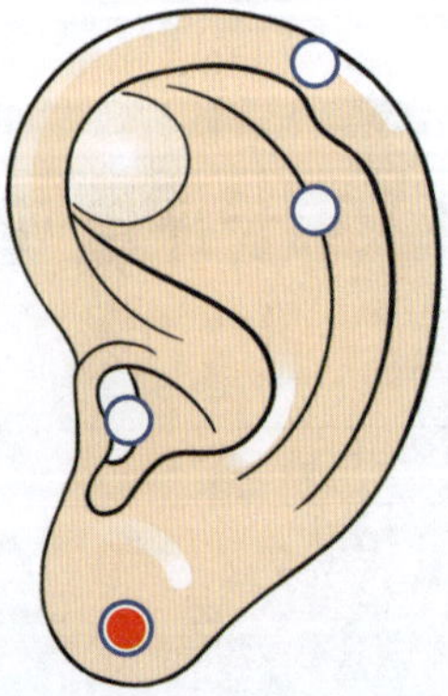

耳垂上的“眼”穴，与眼睛有密切的关系，对治疗假性近视、青少年屈光不正（近视、远视）、

弱视、视疲劳等都有一定的辅助作用。

“眼”穴定位：先把耳垂用“井”字分9份，“眼”穴在正中央的位置，也就是通常打耳洞的位置。

白茅根

白茅根为禾本科植物白茅的干燥根茎。春、秋二季采挖，洗净，晒干，除去须根后，捆成小把。白茅根成品呈长圆柱形，长30～60厘米，直径0.2～0.4厘米，表面呈黄白色或淡黄色，微有光泽，具纵皱纹，节明显，稍突起，节间长短不等，通常长1.5～3厘米，体轻，质略脆，断面皮部白色，多有裂隙，呈放射状排列。

白茅根性寒，味甘，归肺、胃、膀胱经，具有凉血止血、清热利尿的功效，用于血热吐血、衄血、尿血、热病烦渴、肺热咳嗽、胃热呕吐、湿热黄疸、水肿尿少、热淋涩痛等病症。

中医外治法——艾灸

课程目标

《黄帝内经》中说："药之不及，针之不到，必须灸之。"本节课学习中医外治法当中的艾灸疗法。

知识点摘要

艾灸是一种常见的中医外治疗法。艾灸是用点燃的艾，施于穴位，通过热力和艾草的药力，调动经脉运行，使之更好地发挥通行气血、调节脏腑的整体作用，从而温通经络，加速气血循环，起到提高人体免疫力、防治疾病的作用。艾灸方法简单，易于操作，是有效的治疗疾病的方法，也适用于日常居家保健。

动手动脑

在正确答案前的圆圈中打钩 ✓

1.(多选题)以下哪些是常见的艾灸方法?

○ 直接灸　　○ 间接灸　　○ 艾卷灸

2.艾灸的时候,在艾条和肌肤之间放一片姜,用姜起到一个媒介的作用,这种艾灸的方法属于哪种方法?

○ 直接灸　　○ 间接灸　　○ 艾卷灸

在正确答案前的圆圈中打钩

3.艾灸可以治疗因寒凉引起的胃痛。你知道艾灸治胃痛的常用穴位是哪一个吗？

- ○ 中庭穴
- ○ 中脘穴
- ○ 手三里穴
- ○ 神阙穴

我是小神农

仔细观察，勾选出老师在本课中讲的药材。

○ 玫瑰花

○ 菊 花

生活应用

尝一尝 食疗养生学一学

菊花茶

菊花性微寒，有清热解毒、泻火平肝之功效，可改善目赤肿痛、头晕目眩等症状。

制作方法

原料：

菊花10克（2~3朵）。

做法：

将菊花放入水杯中，加入开水，焖泡几分钟即可。

泡茶时，一定要注意安全啊！

家校共育

学习收获

成果展示

留个纪念吧

家长评语（孩子的表现可以打几星呢？）

☆☆☆☆☆

答案解析 ✓

1.以下哪些是常见的艾灸方法？ 直接灸✓ 间接灸✓

艾灸疗法是使用艾绒制成的艾炷、艾条等，点燃后，在身体相应的穴位上施行熏灸，以温热性刺激，通过经络腧穴的作用，达到治病防病目的的一种方法。根据艾灸不同的实施方式，可把艾灸分为：

(1)直接灸，是将艾炷直接放置在穴位皮肤上来施灸的一种方法。

(2)间接灸，又称隔物灸，是用其他物品将艾炷与皮肤隔开施灸的一种方法。

2.艾灸的时候，在艾条和肌肤之间放一片姜，用姜起到一个媒介的作用，这种艾灸的方法属于哪种方法？ 间接灸✓

生姜也是一味药材，在艾灸的时候垫上一片生姜，可以更好地起到温阳功效。第一，隔姜灸能避免肌肤灼伤。第二，生姜可以增强艾灸的功效，更好地起到温阳活血、缓解疼痛等作用，对于脾胃虚寒、风湿痹痛等都有很好的治疗作用。由于隔姜灸是用姜片将艾炷与施灸腧穴部位的皮肤隔开进行施灸的方法，所以，隔姜灸属于间接灸。

3.艾灸可以治疗因寒凉引起的胃痛。你知道艾灸治胃痛的常用穴位是哪一个吗？ 中脘穴✓

胃痛在中医学属于“胃脘痛”的范畴，疼痛部位主要在心下部，其病位主要涉及肝脾两脏。导致胃痛最常见的原因是嗜食生冷伤及脾阳或脾胃阳气不足，致使中焦阴寒内盛。中脘穴是八会穴之腑会、胃之募穴，有温中健脾、行气止痛的功效，是艾灸治疗胃脘痛的常用穴。

具体做法：将艾条一端点燃，持艾条靠近腹部中脘穴，距离皮肤约3厘米，用悬起法灸10～20分钟，以局部皮肤温热红晕而不感到灼烧疼痛为度。艾灸中脘穴缓解因寒凉导致的胃痛效果非常好，日常也可作为一种保健方法来调养脾胃功能。

菊 花

菊花有黄菊花、白菊花、野菊花等分类，药材按产地和加工方法不同，还分为“亳菊”“滁菊”“贡菊”“杭菊”等。菊花是菊科植物菊的干燥头状花序，9—11月花盛开时分批采收，阴干或焙干，或熏、蒸后晒干，不同产地菊花晒干后形态也略有不同。

菊花性微寒，味苦、甘，归肺、肝经，具有散风清热、平肝明目、清热解毒的功效，用于风热感冒、头痛眩晕、目赤肿痛、眼目昏花等病症。

中医外治法——刮痧和拔罐

课程目标

了解刮痧和拔罐两种中医外治法的作用，并学习相应基本操作。

知识点摘要

刮痧作为一种传统的中医外治法，是以中医经络腧穴理论为指导，通过特制的刮痧器具和相应的手法，蘸取一定的介质，在体表反复刮动、摩擦，使皮肤局部出现红色粟粒状，或暗红色出血点等“出痧”的变化，从而达到活血通经等作用的治疗方式。

拔罐是一种以罐为工具，利用燃火、抽气等方法产生负压，使之吸附于体表，造成局部瘀血，以达到通经活络、行气活血、消肿止痛、祛风散寒等作用的中医外治法。

动手动脑

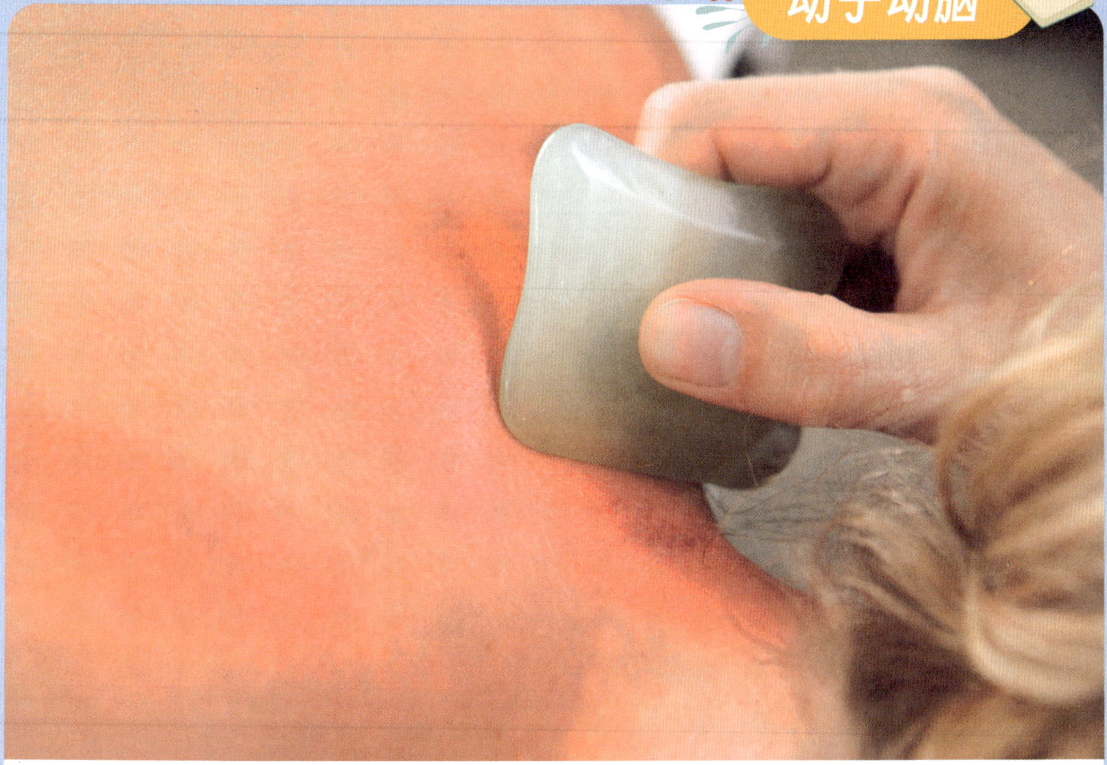

在正确答案前的圆圈中打钩

1.你知道刮痧疗法属于哪种治疗方法吗?

○ 中医内治法　　○ 中医外治法

2.(多选题)你知道刮痧板是由什么材料做成的吗?

○ 牛角　　○ 玉石

○ 砭石　　○ 瓷器

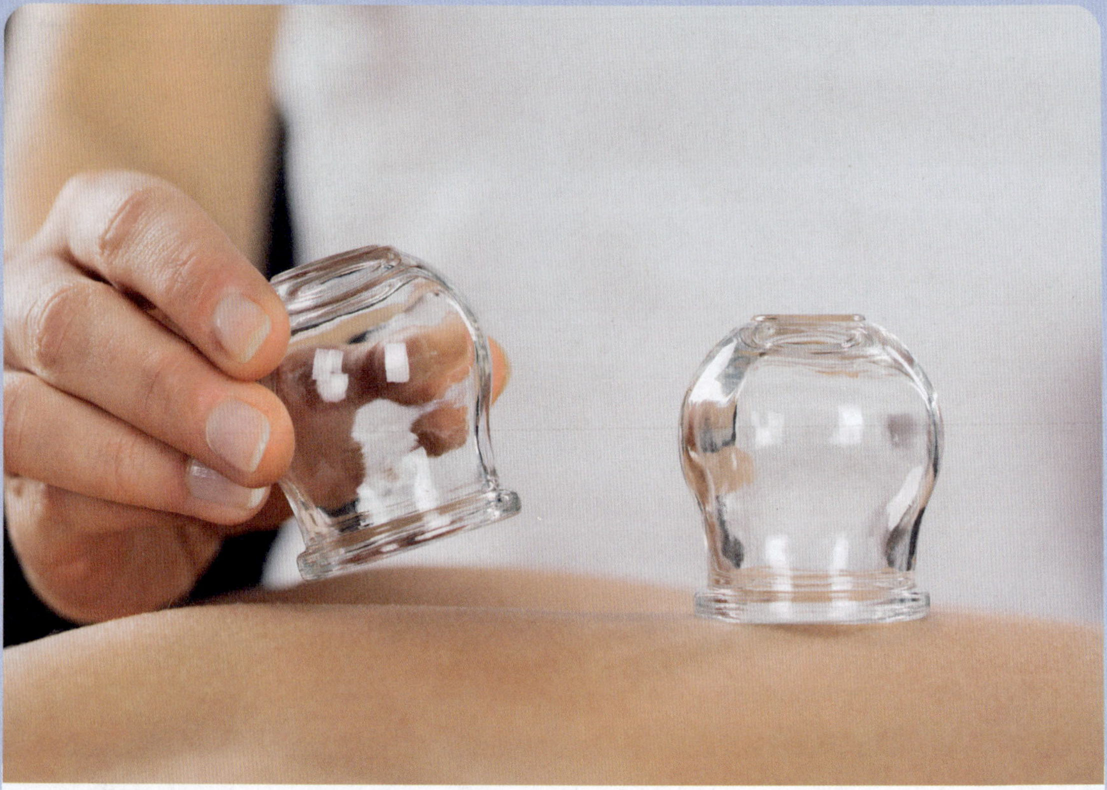

在正确答案前的圆圈中打钩

3. (多选题) 你知道拔罐疗法用的“罐”有哪些种类吗？

○ 竹罐
○ 陶罐
○ 玻璃罐
○ 抽气罐

我是小神农

仔细观察，勾选出老师在本课中讲的药材。

○ 小 蓟

○ 积雪草

生活应用

做一做

厨房里的小妙招

凉拌小蓟

小蓟是一味止血药，为菊科植物刺儿菜的干燥地上部分，有着凉血止血、散瘀解毒、消痈的作用。小蓟在食疗上也有广泛的应用，常见凉拌、煲粥、炖菜。小蓟应用于食疗时一般不与其他中药配伍，当作蔬菜、野菜正常料理即可，但要注意小蓟在食用前应该焯水。

制作方法

原料：

小蓟100克，生抽、盐、香油适量。

做法：

1.将小蓟洗净后用开水焯一下。

2.根据自己的口味添加生抽、盐、香油搅拌，即可食用。

制作时，一定要注意安全啊！

家校共育

学习收获

成果展示

留个纪念吧

家长评语（孩子的表现可以打几星呢？）

☆☆☆☆☆

答案解析 ✓

1.你知道刮痧疗法属于哪种治疗方法吗？ 中医外治法 ✓

中医外治法指用药物、手法或器械施于体表皮肤(黏膜)或从体外进行治疗的方法。中医外治法疗效独特、作用迅速、历史悠久，具有简、便、廉、验之特点，包括针灸、按摩、刮痧、针刀、敷贴、膏药、脐疗、足疗、耳穴疗法、物理疗法等百余种方法。其治疗范围遍及内、外、妇、儿、骨伤、皮肤、五官、肛肠等科，与内治法相比，具有“殊途同归，异曲同工”之妙，对“不肯服药之人，不能服药之症”，尤其对危重病症，更能显示出其治疗之独特，故有“良丁(高明的医生)不废外治”之说。

2. 你知道刮痧板是由什么材料做成的吗？ 牛角 ✓ 玉石 ✓ 砭石 ✓ 瓷器 ✓

刮痧是一种传统的中医外治法，能改善人体气血循环，促进新陈代谢，增强人体免疫功能。刮痧板是一种非药物无损伤外治疗法器具。常用的刮痧板有半圆形、鱼形、肾形、椭圆形等。刮痧板一般选择牛角、玉石、砭石、瓷器等原料，通过刺激人体的相关经络、穴位而达到保健养生的效果。

3.你知道拔罐疗法用的“罐”有哪些种类吗？ 竹罐 ✓ 陶罐 ✓ 玻璃罐 ✓ 抽气罐 ✓

拔罐法古称角法，其中最常用的火罐是以罐为工具，利用燃烧排除罐内空气，造成负压，使之吸附于腧穴或应拔部位的体表，产生刺激，使被拔部位的皮肤充血、瘀血，以达到防治疾病的目的。

罐的种类很多，临床常用的有竹罐、陶罐、玻璃罐和抽气罐等。拔罐法有通经活络、行气活血、消肿止痛、祛风散寒等作用，尤其适用于风湿痹痛、各种神经麻痹和急慢性疼痛，还可用于感冒、咳嗽、哮喘、消化不良、胃脘痛、眩晕等病症。

小 蓟

小蓟为菊科植物刺儿菜的干燥地上部分。夏、秋二季花开时采割，除去杂质，晒干。小蓟成品茎呈圆柱形，表面呈灰绿色或带紫色，具纵棱及白色柔毛，质脆，易折断，断面中空；叶互生，无柄或有短柄，叶片皱缩或破碎，完整者展平后呈长椭圆形或长圆状披针形，全缘或微齿裂至羽状深裂，齿尖具针刺，叶片上表面呈绿褐色，下表面呈灰绿色，两面均具白色柔毛。

小蓟性凉，味甘、苦，归心、肝经，具有凉血止血、散瘀解毒、消痈的功效，用于吐血、尿血、血淋、便血、崩漏、外伤出血、痈肿疮毒等病症。

手掌中的秘密

课程目标

了解中医手诊和中医手诊观察的内容。

知识点摘要

中医手诊是中医特色诊断方法之一，属于中医望、闻、问、切中望诊的重要组成部分。它是通过对手形、指形、指纹、手纹、手色、指甲形色、手部血管、手腕等状态的观察，以中医理论为指导，全面搜集信息，帮助判断身体状态的一种方法。手诊九宫把手掌划分为九个区域，每个区域对应着身体不同的脏腑、部位及相关功能。

动手动脑

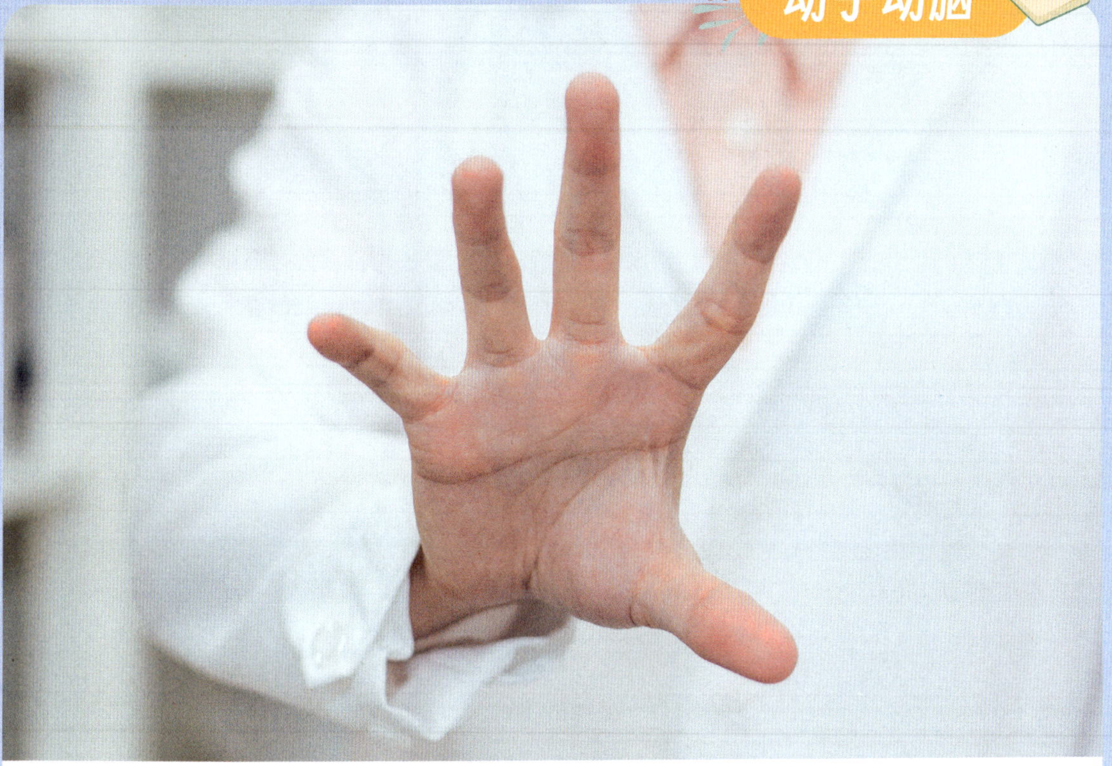

在正确答案前的圆圈中打钩 ✓

1.手诊属于“望、闻、问、切”四种诊法中的哪一类？

○ 望诊　○ 闻诊　○ 问诊　○ 切诊

2.有人说，手诊就是“看手相”，是骗人的，这种说法正确吗？

○ 正确　○ 不正确

在正确答案前的圆圈中打钩 ✓

3.一般情况下，人手掌上有三条主线，你知道这三条主线属于哪种类别吗？

○ 生理线　　○ 病理线

我是小神农

仔细观察，勾选出老师在本课中讲的药材。

○ 肉 桂

○ 山 药

做一做 生活应用

厨房里的小妙招

肉桂粥

肉桂有着补元阳、暖脾胃、通血脉的功效，下面教大家一款肉桂粥的做法，可以暖脾胃，适合在腹部受凉后出现食欲不振、腹痛、恶心等情况下食用。

制作方法

原料：

肉桂5克，粳米60克，红糖适量。

做法：

1.把肉桂洗净，加水煮，煮沸后取出肉桂。

2.放入洗净的粳米，大火煮开后，小火慢熬。

3.食用之前，用红糖调味。

制作时，一定要注意安全啊！

家校共育

学习收获

成果展示

留个纪念吧

家长评语（孩子的表现可以打几星呢？）

☆☆☆☆☆

答案解析 √

1.手诊属于“望、闻、问、切”四种诊法中的哪一类？ 望诊 √

中医四诊指的是望、闻、问、切四种诊察方法，望诊是其中非常重要的一种，所谓“望而知之谓之神”。望诊是根据人体内外相应的原理，通过观察机体外在的表现和变化，推断内在脏腑组织的状态。如《扁鹊见蔡桓公》中，名医扁鹊通过对蔡桓公外在体征的观察，就知道他体内存在的疾病状况。

2. 有人说，手诊就是“看手相”，是骗人的，这种说法正确吗？不正确 √

许多人认为，手诊就是“看手相”，其实两者并不相同。手诊属于中医诊病的“望”诊，是通过对手掌形态、颜色、纹理、指甲、各脏腑对应分区的状态的观察，达到诊察判断身体疾病的目的，而且手的状态随着身体生理病理情况的变化也在不断变化。我们可以通过手诊来了解身体的健康状况，甚至做到未病先知、未病先防，通过调整不良生活习惯，系统地调养身体，尤其对于亚健康人群来说，更有警示和纠正的作用。

3. 一般情况下，人手掌上有三条主线，你知道这三条主线属于哪种类别吗？ 生理线 √

掌纹是指手掌上的纹线。掌纹可以分为两大类，一类是生理线，另一类是病理线。生理线是先天生成的，一般不易有大的改变，它反映着身体先天的状况。一般情况下，人手掌上的三条主线，就属于生理线。

人们在日常生活中，身体情况会不断发生变化，掌纹也会随之不断地生长改变，其中后天生长出来的一些反映身体病理情况的纹线，就是病理线。

肉 桂

肉桂为樟科植物肉桂的干燥树皮，多于秋季剥取，阴干。肉桂成品呈槽状或卷筒状，长30～40厘米，宽或直径3～10厘米，厚0.2～0.8厘米，外表面呈灰棕色，稍粗糙，有不规则的细皱纹及横向突起的皮孔，有的可见灰白色的斑纹；内表面呈红棕色，略平坦，有细纵纹，划之显油痕。肉桂质硬而脆，易折断，断面不平整。

肉桂气香浓烈，性大热，味辛、甘，归肾、脾、心、肝经，具有补火助阳、引火归元、散寒止痛、温通经脉的功效，常用于阳痿宫冷、腰膝冷痛、虚阳上浮、眩晕目赤、心腹冷痛、虚寒吐泻等病症。

写一写

课程全都学完啦，写一写你的感想吧。

我们是
中医药文化传承人

主编邮箱　shiyituozhan@sina.com
读后感征集　shiyituozhan@sina.com
售后问题或建议请联系　400-923-1068